Max Dittrich

König Albert und seine Sachsen im Felde

1849, 1866, 1870-1871

Max Dittrich

König Albert und seine Sachsen im Felde
1849, 1866, 1870-1871

ISBN/EAN: 9783337413750

Hergestellt in Europa, USA, Kanada, Australien, Japan

Cover: Foto ©ninafisch / pixelio.de

Weitere Bücher finden Sie auf **www.hansebooks.com**

König Albert

und seine Sachsen

im Felde

1849, 1866, 1870-1871.

Vaterländische Gedenkblätter

von

Max Dittrich,

Verfasser von: Die Helden und Führer des deutschen Volks im 19. Jahrhundert. Ein Gedenkbuch deutscher Tapferkeit und Treue. — Der deutsch-französische Krieg 1870/71. Gedenkblätter in Wort und Bild an die Ehrentage der deutschen Nation. — Staatsminister General Graf Fabrice. Sein Leben und sein Streben. — Sachsens Königshaus im Wettiner Jubeljahr 1889. — Beim Regiment des Prinzen Friedrich August 1870/71 u. a. m.

Dritte Auflage.

Mit 8 Bildern.

Berlin 1898.

Karl Siegismund.

Verlag der Zeitschrift „Deutscher Soldatenhort".

Vorwort.

Unter Oberbefehl von Sachsens heutigem Könige haben in den Feldzügen der Neuzeit tausende sächsischer und preußischer Soldaten im Schlachtenwetter gestanden, fest und treu, und sich durch Tapferkeit und Mannszucht unvergänglichen Ruhm erworben. Die volkstümlichen Schilderungen der von den Truppen unter Albert von Sachsen ausgefochtenen blutigen Kämpfe, wie sie in den nachstehenden Kriegsbildern und Skizzen mit besonderer Berücksichtigung der Anteilnahme der sächsischen Armee gegeben sind, werden darum hoffentlich nicht unwillkommen sein als Erinnerungsblätter aus großen, den Zeitgenossen und Nachkommen unvergeßlichen Tagen, wie an den seltenen Kriegsruhm des von allen seinen Truppen und Unterthanen hochverehrten Monarchen, König Albert von Sachsen!

Die beigegebenen acht Abbildungen führen dem Leser den Sachsenkönig Albert als jugendlichen Prinzen in Lieutenantsuniform, sowie als Kriegsherrn im Waffenkleid des Feldmarschalls und zusammen mit seiner Gemahlin, Königin Carola vor die Augen, ferner den kaiserlichen Marstallstab des Sachsenkönigs, sowie jene drei Sachsendenkmale, welche dort aufgerichtet wurden, wo sächsische Truppen unter den Augen und dem Oberbefehle ihres heutigen Königs sich unvergänglichen Kriegsruhm erwarben und endlich jenen Obelisken in Dresden, welcher gesetzt wurde zum Gedächtnis an die 800jährige Herrschaft der Wettiner über das Sachsenland, wie an die segensreiche Regierungszeit des Königs Albert.

Die erste Auflage dieser Schrift erschien 1888 am 60. Geburtstage des Sachsen-Königs, die zweite 1893 bei Gelegenheit des 50jährigen Militärdienstjubiläums des Monarchen. Möge auch diese dritte vermehrte Auflage, welche anläßlich des 1898 bevorstehenden 70. Geburtstages, sowie des 25jährigen Regierungsjubiläums des Königs Albert hinaus in die Welt geht, dieselbe freundliche An- und Aufnahme im sächsischen Volke, wie im deutschen Heere finden, wie ihre Vorgängerinnen und mögen die darin enthaltenen kriegerischen Gedenkblätter an ihrem bescheidenen Teile dazu beitragen, daß die Kriegsthaten des Königs Albert und seiner Sachsen in großer Zeit frisch und lebendig gehalten werden im Gedächtnis aller Deutschen.

Dresden-Löbtau, 16. Juni 1897.

Der Verfasser:

Max Dittrich.

Inhaltsverzeichnis.

                                                                  Seite

1. Vorwort.
2. König Albert von Sachsen als Soldat   1
3. Bei Düppel, 13. April 1849 . .   22
4. Bei Gitschin, 29. Juni 1866 .   28
5. Bei Königgrätz, 3. Juli 1866 32
6. Bei St. Privat la Montagne, 18. August 1870 . .   42
7. Bei Buzancy und Nouart, 27. und 29. August 1870 . . .   56
8. Bei Beaumont, 30. August 1870   60
9. Bei Sedan, 1. September 1870 .   . . 68
10. Der Überfall in Etrepagny, 30. November 1870   77
11. Bei Champigny und Villiers, 30. November und 2. Dezember 1870 . 84
12. Beschießung und Wegnahme des Mont Avron, Ende Dezember 1870 105
13. Die sächsische Reservebatterie Krutzsch, 1871 . .   111
14. Der Einzug in St. Denis, 29. Januar 1871 . .   . 116
15. Die große Kaiserparade vor Paris, 7. März 1871 .   . 121
16. Der Einzug in Dresden, 11. Juli 1871 127
17. Die sächsischen Kriegerdenkmale aus den Feldzügen des Königs Albert 139
18. Der Wettin-Obelisk in Dresden 150

König Albert von Sachsen als Soldat.

Eine militärische Lebensskizze.

> Wer hat mit Weisheit und mit Kraft
> Umbreitet Sachsens Gau'n,
> Zu dem herab vom Stamm Wettin
> Stolzfroh die Ahnen schau'n?
> Wer zog sein Prinzenschwert so jung
> Und stark schon, für das Recht,
> Und brach sich blank im Düppelsturm
> Des Lorbeers grün Geflecht?
> Wer hieb, rheinüber, im Triumph
> Das Frankenmesser lahm und stumpf
> Von Siege hin zu Siege?
> Der König Feldmarschall!
>
> Richard von Meerheimb.

Von allen den großen deutschen Heerführern und Feldherren, welche in den Feldzügen der Neuzeit die Truppen zu Sieg und Ruhm geführt, lebt nur noch König Albert von Sachsen und nur er allein trägt das Großkreuz des eisernen Kreuzes, welches außer ihm für die Verdienste im Kriege gegen Frankreich 1870/71 nur noch erhalten haben: der nachmalige Kaiser Friedrich, der Feldmarschall Prinz Friedrich Karl von Preußen, der Feldmarschall Graf Moltke, der Feldmarschall von Manteuffel, der General von Werder und der General von Göben. Am 29. Oktober 1898 sind fünf Lustra verflossen, seit König Albert die Krone seiner Väter trägt und der Kriegsherr der Sachsen geworden ist, welche er als Kronprinz und Feldherr bereits zu Sieg und Ruhm geführt in den Einigungskriegen der Deutschen 1849, 1866 und 1870/71. Die lange militärische Laufbahn des Fürsten, welcher im ganzen deutschen Reiche die allgemeinste Verehrung genießt, besonders aber bei den alten wie jungen Soldaten sich einer ganz außerordentlichen Beliebtheit zu erfreuen hat, ist reich an seltenen Kriegsehren und großen Waffenerfolgen. Die Thätigkeit des Königs Albert als

Soldat zerfällt in vier Hauptabschnitte, welche man folgendermaßen überschreiben kann: Offizier — Kommandeur und General — Feldherr — Kriegsherr und Regent.

König Albert von Sachsen wurde geboren zu Dresden am 23. April 1828 als erster Sohn des damaligen Prinzen Johann und unter dem 16. Mai desselben Jahres von seinem Großonkel, dem König Anton, zum Chef des damals vakanten 1. Linien-Infanterie-Regiments ernannt. Sein Vater überwachte persönlich auf das Sorgsamste den Bildungsgang seiner Söhne, deren erster Erzieher der Oberstlieutenant von Minkwitz war. Den nachhaltigsten Einfluß auf die Erziehung des Prinzen Albert übte jedoch von 1835—45 der spätere Präsident des sächsischen Ober-Appellationsgerichts Dr. von Langenn aus. In seinem 12. Lebensjahre und zwar am 8. Oktober 1839 stand Prinz Albert zum erstenmal im Kantonnement bei Wurschen an der Spitze seines vorgenannten Regiments, um dasselbe seinem Vater vorzuführen. Die militärische Ausbildung des Prinzen Albert wurde, nachdem er unterm 3. März 1845 zum Oberlieutenant ernannt worden war, dem Oberst Hans Julius August von Mangoldt übertragen. In Begleitung dieses wissenschaftlich hochgebildeten Offiziers bezog Prinz Albert am 1. Oktober 1847 die Universität Bonn, wo damals Perthes und Dahlmann dozierten und Prinz Friedrich Karl von Preußen, der spätere berühmte Feldmarschall, studierte. Vorher und zwar unter dem 17. September war seine Beförderung zum Hauptmann der Artillerie erfolgt. Der Ausbruch der Februar-Revolution in Paris 1848 rief ihn vorzeitig zurück nach Dresden.

Am 1. Juni letztgenannten Jahres erhielt er das Kommando der 7. Kompagnie des Fuß-Artillerie-Regiments und zu Anfang des Jahres 1849 wurde er zur Dienstleistung in das Artillerie-Kommando befehligt, während welchen Kommandos er auf die Dauer einiger Monate die 1. Eskadron des 1. Reiter-Regiments befehligte. Noch in demselben Jahre verdiente sich Prinz Albert die kriegerischen Sporen im Feldzuge gegen Dänemark. Während desselben wurde er dem Stabe des kommandierenden preußischen Generals von Prittwitz zugeteilt und nahm er damals teil an folgenden kriegerischen Vorgängen: am 13. April an der durch

Prinz Albert von Sachsen als Lieutenant
1835.

deutsche Reichstruppen, Bayern, Sachsen und Thüringer, erfolgten Wegnahme der von den Dänen 1840 erbauten Düppeler Schanzen, am 7. Mai an dem Gefecht bei Biuf und am 8. Mai an dem Gefecht bei Beile. Bei Düppel zeichnete er sich durch Mut, Unerschrockenheit und kaltes Blut vorteilhaft aus; er erschien mehrfach bei den Truppen im heftigen Feuer und richtete zur Tapferkeit mahnende Ansprachen an dieselben, welche mit brausenden Hurrarufen beantwortet wurden.

Wegen seiner vorzüglichen Haltung im gedachten Feldzuge erhielt er unter dem 26. April das Ritterkreuz des sächsischen St Heinrichs-Ordens und unter dem 7. Juli den preußischen Orden pour le mérite; außerdem wurde er bereits unter dem 21. Juli 1849 zum Major der Infanterie befördert. Damit schließen die militärischen Lehrjahre des Feldherrn. Aus denselben stammt ein interessantes Urteil des Generals von Prittwitz über den Prinzen Albert; es findet sich in einem vom 16. August 1849 datierten Briefe des Generals an den Vater des Prinzen und lautet wie folgt: „Prinz Albert besitzt die Gabe, nicht allein die Verehrung und treue Anhänglichkeit einzelner Personen, sondern auch die Herzen aller Derer zu gewinnen, welche nur irgend des Vorzugs teilhaftig werden, in Berührung mit Sr. Kgl. Hoheit zu kommen. Diese Gabe, verbunden mit Verachtung der Kriegsgefahren, Bewahrung des kalten Blutes in den ernstesten Lagen und dem Geschick, Offizieren und Soldaten gegenüber stets die richtige That oder das passende Wort zu finden, hat den Prinzen schnell auf einen Punkt gestellt, der eine Leitung entbehrlich machte und ebenso schnell alle Stimmen zu dem Ausdrucke ehrfurchtsvollster und innigster Hochachtung vereinigte."

Mit der unterm 27. September 1849 erfolgten Ernennung des Prinzen zum Kommandanten des in Bautzen garnisonierenden 4. Bataillons der 1. Linien-Infanterie-Brigade, deren Chef der Prinz war, beginnen seine militärischen Wanderjahre. Unterm 16 Mai 1850 wurde Prinz Albert zum Oberstlieutenant der Infanterie und unterm 8. August desselben Jahres zum Oberst und Kommandeur der leichten Infanterie-Brigade befördert, die in Leipzig im Standquartier lag. Am 21. Dezember 1850 erhielt Prinz Albert das Kommando der mobilen 3. Infanteriebrigade und am 10. Oktober 1851 wurde er bereits, noch nicht 24 Jahre alt, zum Generalmajor befördert. Im August 1852 verlieh der russische Zar dem Prinzen Albert gelegentlich dessen Besuchs am Hofe in St. Petersburg das kaiserlich russische 2. Jägerregiment und zwei Monate später wurde dem jugendlichen General in der damals stattfindenden Truppenzusammenziehung bei Chemnitz die Führung einer Armeebrigade übertragen, eine Aufgabe, welche er so vorzüglich löste, daß bereits unterm 21. Oktober seine Beförderung zum Generallieutenant und Kommandanten der 1. Infanterie-Division erfolgen konnte. Im April des folgenden Jahres ernannte der Kaiser von Österreich den Prinzen Albert zum Chef des k. k. österreichischen 11. Infanterie-Regiments und am 18. Juni 1853 vermählte er sich zu Dresden mit der Prinzessin Karola von Wasa.

Bei den im September 1853 bei Großenhain stattgefundenen Herbstübungen befehligte der Prinz unter dem Ober-Kommando seines Vaters die 1. Armeedivision und wurde am 3. Dezember desselben Jahres zum Kommandanten der gesamten sächsischen Infanterie ernannt. Als solcher inspizierte er 1854, in welchem Jahre sein Vater — am 10. August — den sächsischen Thron bestiegen hatte, zum erstenmal sämtliche Infanteriebataillone, was von nun an jedes Jahr stattfand. Unterm 16. Juni 1857 wurde dem nunmehrigen Kronprinzen Albert das 1. sächsische Reiterregiment verliehen; dasselbe hatte hundert Jahre vorher an demselben Tage als Kurland-Dragoner die Schlacht bei Kollin zum Nachteil Friedrich des Großen zur Entscheidung gebracht. Im September 1857 führte er zum erstenmal das Oberkommando über die ganze in der Umgegend von Dresden versammelte sächsische Armee und wurde am 15. Oktober zum General der Infanterie ernannt. Während der zwei Jahre später, vom 2. Mai bis 23. Juli, währenden Kriegsbereitschaft des sächsischen Heeres fand seitens des Kronprinzen eine eingehende Besichtigung des sächsischen Kontingents statt. Bei den in der Zittauer Gegend abgehaltenen großen Manövern im September 1861, kommandierte er die Nordbivision.

In demselben Jahre war er mehrfach in Preußen. Am 8. Januar weilte er in Berlin, um seines Vaters Glückwünsche dem König Wilhelm zu dessen Thronbesteigung zu überbringen. Ferner wohnte er den preußischen Herbstübungen in der Nähe des Schlosses Brühl am Rheine bei, sowie am 18. Oktober der Krönung des Königs Wilhelm in Königsberg und hatte dort seine erste Begegnung mit dem französischen Marschall Mac Mahon, der durch die 1859 geschlagene Schlacht bei Magenta einen berühmten Namen als Kriegsheld erlangt hatte. Die Ausbildung des zukünftigen Kriegshelden war durch die bei Zittau abgehaltenen Truppenübungen beendet und sie bilden die Schlußstation des Abschnitts im militärischen Leben des Königs Albert von Sachsen, während dessen er kleinere und größere Truppenkörper befehligte und als Kommandeur und General fungierte.

Nur zu bald sollte er im eisern blutigen Würfelspiel glänzendes Zeugnis ablegen von seinen hohen militärischen Kenntnissen und Fähigkeiten und auf dem Schlachtfelde seinen Ruf als Feldherr begründen. Die Ereignisse des Jahres 1866 führten die sächsischen Truppen an die Seite Österreichs. Das Heer wurde schon unterm 9. Mai auf den Kriegsfuß gestellt und vom 15.—19. Mai auf dem linken Elbufer bei Dresden vereinigt. Am 20. Mai wurde dem Kronprinzen Albert der Oberbefehl übertragen und er führte von der Armee seinem Vater, welcher die Truppen Revue passieren ließ, am 26. Mai das Gros, am 29. Mai die Avantgarde und am 6. Juni die Reserve vor. Am 15. Juni erfolgte Preußens Kriegserklärung und zwei Tage später begann der Abmarsch der sächsischen Truppen nach Böhmen, auf dessen Gefilden sie sich mit dem Feinde messen und zwar unterliegen, nichtsdestoweniger aber die alte sächsische Waffenehre stahlblank erhalten sollten.

Alle sächsischen Regimenter, welche an den Feind kamen, zeichneten sich durch Zähigkeit, Tapferkeit und Gefechtsdisziplin musterhaft aus und diese militärische Tüchtigkeit seiner Truppen war zum großen Teile mit das Werk des Kronprinzen Albert, welcher, gleich dem damaligen sächsischen Kriegsminister von Rabenhorst, unablässig an der Weiterausbildung derselben gearbeitet hatte. Kronprinz Albert kommandierte 1866 sowohl in dem am 29. Juni stattfindenden Gefecht bei Gitschin, wie in der heißen Schlacht bei Königgrätz am 3. Juli und wurde dafür am

17. Juli nicht nur mit dem Großkreuz des sächsischen Militär-St.-Heinrichordens, sondern auch mit dem Ritterkreuz des österreichischen Maria-Theresien-Ordens dekoriert; ebenso schmückte das vom König Johann später gestiftete Erinnerungskreuz an den Feldzug von 1866 die Brust des Kronprinzen Albert zuerst von allen sächsischen Kriegern. Der beste Beweis, wie brav sich die sächsischen Truppen 1866 geschlagen, wie ausgezeichnet sie geführt worden waren, erhellt zur Evidenz aus der Geschichte jenes Feldzuges und aus der allgemeinen Anerkennung, welche der Bundesgenosse und der Gegner ihrer vortrefflichen Haltung zollten, namentlich aber aus dem ehrenden Armeebefehl, den der österreichische Oberbefehlshaber der operierenden Armee, Erzherzog Albrecht, bei der Rückkehr der Sachsen in die Heimat erließ; er lautete:

„Stolz mag das eigene Vaterland auf seine rückkehrenden würdigen Söhne blicken, denn sie haben unter Sr. Kgl. Hoheit des Kronprinzen so ausgezeichneter Führung aufs neue die ererbten kriegerischen Tugenden ihres Volkes rühmlichst erprobt. Die k. k. Armee aber, mit der diese wackre Schar Anstrengungen, Entbehrungen und Gefahren jeder Art so treu geteilt, kann in diesem Abschiedsgruße nicht warm und nicht herzlich genug der hohen Achtung und aufrichtigen Zuneigung Ausdruck geben, die unsre scheidenden Waffenbrüder sich in Österreichs Volk und Heer erworben durch eine ungewöhnliche Tapferkeit, strenge Disziplin und unerschütterliche Standhaftigkeit in allen Wechselfällen des Kriegs, durch musterhaftes Benehmen gegen uns und die Bewohner des Landes, denen sie allerorts so lieb und wert geworden. Wer seiner Pflicht so vollständig als die sächsischen Truppen genügte, in harten Prüfungen so ungebeugten Sinnes blieb, darf getrost auf die Vergangenheit und in die Zukunft blicken; was letztere auch bringen möge, wir wünschen und hoffen, daß jene Tapferen das Andenken der edlen Kampfgenossenschaft, die auf Böhmens Schlachtfeldern Tausende mit ihrem Herzblut besiegelten, so lebhaft und dauernd bewahren werden, als Österreichs Heer die dankbare Erinnerung an die in ernster Zeit bewährten Kameraden und die innigste Teilnahme an ihren Geschicken. Und somit sage ich im Namen der Armee den braven Sachsen herzlich

Lebewohl. Gott geleite sie, gebe Ruhm und Heil ihren glorreichen Fahnen."

Gleich diesem Armeebefehle war auch das Handschreiben des Kaisers Franz Joseph, mittelst welchem dieser den Ordenskanzler Graf Wratislaw davon benachrichtigte, daß er dem sächsischen Kronprinzen den Maria-Theresien-Orden verliehen habe, sowohl für diesen wie die sächsischen Truppen im höchsten Grade schmeichelhaft; es lautete:

        Lieber Graf Wratislaw!

Ich verleihe Seiner Königlichen Hoheit dem Kronprinzen Albert von Sachsen, dem tapferen Führer des Meiner Armee verbündeten, in heißen Kämpfen unerschüttert und mutvoll bewährten königlich sächsischen Armee-Korps das Ritterkreuz Meines Militär-Maria-Theresien-Ordens und habe Höchstdemselben die Dekoration unmittelbar zugehen lassen.

    Wien, am 18. Juni 1866.   Franz Joseph m. p.

Mit der Heimkehr Ende Oktober 1866 begann für das sächsische Heer und seinen Befehlshaber, den Kronprinzen, ein neuer Abschnitt voll Mühe und Arbeit. Nach dem zwischen Preußen und Sachsen abgeschlossenen, vom König Johann am 23. Oktober abends in Teplitz unterzeichneten Separatfrieden hatte eine Reorganisation des sächsischen Heeres stattzufinden, welches fernerhin als XII. Armeekorps der norddeutschen Bundesarmee unter den Oberbefehl des Königs von Preußen zu treten hatte. Bei Beginn der unter Oberleitung des sächsischen Kronprinzen von dem neuen sächsischen Kriegsminister von Fabrice vollzogenen Reorganisation des sächsischen Armeekorps und nach Abschluß der vom 7. Februar 1867 datierenden Militärkonvention zwischen den Kronen Preußen und Sachsen ernannte König Wilhelm infolge eines in Begleitung des Kronprinzen Friedrich Wilhelm unternommenen Besuches am sächsischen Hofe, wobei das sächsische Unteroffizierlehrbataillon im Hofe des Königsschlosses von dem Monarchen besichtigt wurde, den Kronprinzen Albert unterm 23. Februar zum kommandierenden General des kgl. sächsischen Armeekorps.

Am 21. März desselben Jahres erhielt das 1. sächsische Jägerbataillon Nr. 12 den Kronprinzen Albert zum Chef. Es war dies diejenige sächsische Truppe, welche das Schlachtfeld bei Königgrätz zuletzt verlassen und den Kronprinzen Albert, der sich ihr angeschlossen, gewissermaßen als seine Leibgarde, bis nach Pardubitz begleitet hatte. Im Herbst der beiden folgenden Jahre fanden eingehende Besichtigungen der Truppen des sächsischen Armeekorps durch den Kronprinzen Albert statt. Der ersten Besichtigung, welche am 9. September 1868 auf dem Heller bei Dresden stattfand, wohnte auch König Wilhelm bei und seit jenem Tage hat das königl. sächsische 2. Grenadierregiment Nr. 101 den deutschen Kaiser zum Chef erhalten. Nach der zweiten Besichtigung aber, welche 1869 vom Kronprinzen Albert vorgenommen wurde, verlieh König Wilhelm dem Kronprinzen Albert unterm 17. September das ostpreußische Dragonerregiment Nr. 10. Die Reorganisation der sächsischen Truppen war 1869 vollendet; schon im folgenden Jahre sollte sie die Feuerprobe glänzend bestehen.

Am 16. Juli 1870 erließ Kronprinz Albert gemäß der in Dresden eingetroffenen Ordre des Bundesfeldherrn den Befehl zur Mobilisierung des sächsischen Armeekorps. Dieselbe verlief glatt und ohne Störung und bald brauste Regiment auf Regiment auf dem eisernen Schienenwege nach dem Westen zu. Kronprinz Albert selbst reiste am 29. Juli mit dem Generalkommando von Dresden ab. Am 9. August überschritten die Sachsen die damalige französische Grenze und abends besuchte Kronprinz Albert die Biwaks seiner Truppen, die ihn mit endlosen Jubel- und Hurrarufen empfingen. Erst am 18. August und nachdem bereits sowohl die I. wie III. deutsche Armee bei Spichern, Weißenburg und Wörth ihre Fahnen mit frischem Lorbeer bekränzt hatten, kamen auch die Sachsen bei St. Marie aux Chênes und St. Privat an den Feind und entschieden im Verein mit der preußischen Garde die Schlacht. Kronprinz Albert wurde anderen Tages für diese glänzende Waffenthat mit dem eisernen Kreuz II. Klasse dekoriert und ihm außerdem der Oberbefehl der aus dem Garde-, IV. und XII. Armee-Korps, sowie der 5. und 6. Kavallerie-Division neugebildeten IV. oder Maas-Armee übertragen.

Die Zusammensetzung des Generalstabes der neuen Armee war die denkbar bunteste und zeigte Vertreter aller deutschen Landsmannschaften. Chef desselben war der preußische General von Schlotheim, 3 sächsische und 1 preußischer Generalstabsoffizier standen ihm zur Seite. Als Adjutanten fungierten 3 Sachsen; ferner 1 sächsischer Offizier als Kommandeur des Hauptquartiers, ein preußischer als Kommandeur der Kavallerie-Stabswache, gebildet von 30 preußischen Gardes du Corps, 4 preußische Offiziere, 1 sächsischer und später ein württembergischer waren als Ordonnanz-Offiziere kommandiert, während die Ingenieur-Artillerie-Offiziere, der Generalarzt und der Chef der freiwilligen Krankenpflege, Prinz von Reuß, wieder Preußen, der Intendant und der Kriegs-Hofmarschall dagegen wieder Sachsen waren. Aber trotz dieser bunten Zusammensetzung war unter ihnen allen eine Einigkeit, eine Kameradschaftlichkeit, ein gegenseitiges Verstehen und ein Diensteifer vorhanden, welcher den ihnen anfänglich gegebenen Spitznamen „der Maßstab" schließlich zur Wahrheit machte, denn diese Herren konnten wirklich als Maßstab für jeden gut zusammengesetzten Stab gelten. In dem 9½ monatlichen und ununterbrochenen Zusammensein derselben ereignete sich nie der leiseste Konflikt und stets herrschte vollendetstes Einvernehmen unter der Elite-Schar, welche den kriegerischen Hofstaat Alberts von Sachsen bildete. Besonderes Verdienst erwarben sich hierbei Major von Welck, erster Adjutant des Kronprinzen und der Major Schweingel vom königlich sächsischen Generalstab, welcher zumal den General von Schlotheim ausgezeichnet unterstützte. Der liebenswürdige General-Major Prinz von Schönburg-Waldenburg, bereits 1866 als Adjutant an des Kronprinzen Seite, aber war es, der stets heitere Laune verbreitete und den Mittelpunkt der Gesellschaft bildete. Für das leibliche Wohl des Hauptquartiers hingegen sorgte des Kronprinzen persönlicher Adjutant, Hauptmann Graf von Vitzthum, in einer ganz vorzüglichen Weise.

Mit der Maas-Armee erfocht der sächsische Kronprinz am 30. August den Sieg bei Beaumont, durch welchen die letzte Masche des eisernen Netzes geschlossen wurde, in dem Napoleon und Mac Mahon samt ihren Truppen nach der am 1. September geschlagenen Schlacht bei Sedan, an welcher auch die Maasarmee hervorragend Anteil nahm, hängen blieben.

Am 2. September unternahm Kronprinz Albert einen Beritt des Schlachtfeldes von Sedan und hatte später in dieser Festung eine Begegnung mit dem verwundeten Marschall Mac Mahon.

Unterm 5. September verlieh König Wilhelm dem sächsischen Kronprinzen das eiserne Kreuz I. Klasse. Am 10. September besichtigte letzterer die Festung Laôn, bei deren Übergabe bekanntlich durch Verräterei eine Explosion stattfand und eine ziemlich beträchtliche Anzahl der einrückenden deutschen Truppen getötet oder verletzt wurde. Fünf Tage später wurde dem Kronprinzen Albert vom Kaiser von Rußland eine hohe Auszeichnung zu teil und zeigte letzterer dies dem König Johann von Sachsen mittelst eines aus Zarskoje Selo datierten Telegramms in französischer Sprache an; dasselbe lautete in deutscher Übersetzung:

König von Sachsen, Dresden.

Um die Erfolge Ihrer wackeren Truppen zu ehren, erlaube ich mir, Ihrem Sohne, dem Kronprinzen, meinen militärischen St. Georgsorden 2. Klasse zu verleihen, den er so wohl verdient hat, indem er sie in so glänzender Weise zum Siege geführt. Ew. Majestät werden hierin, wie ich hoffe, einen neuen Beweis meiner Achtung und Freundschaft erblicken.

Alexander.

Am 19. September traf Kronprinz Albert vor Paris ein, und sein Heer schloß den eisernen Zernierungsgürtel, welchen die Deutschen der stolzen Seinestadt anlegten; die Maasarmee hielt die Ostfront besetzt. Das Hauptquartier ihres Befehlshabers befand sich zuerst in Grand Tremblay, wurde aber unterm 8. Oktober nach Margency verlegt.

Die Tageseinteilung des Kronprinzen Albert auf dem Marsche nach und vor Paris war folgende: Früh, eine Stunde vor dem Abmarsch, traf sich der sächsische Kronprinz mit den Offizieren seines Stabes am gemeinsamen Kaffeetische. Nach dem Einrücken ins neue Hauptquartier fand ein allgemeines kaltes Frühstück statt, zu dem es bei ihm später immer, wo Stillstand war, Kartoffeln in der Schale gab. Nachmittags 5 Uhr wurde zu Mittag gespeist, abends gegen 9 Uhr nahm man gemeinschaftlich den Thee, und der Aufbruch zur Nachtruhe erfolgte um 11, 12, auch wohl 1 Uhr. Abends spielte der Kronprinz eine Partie Whist und, wo ein solches zu haben war, Billard. Die Zigarre ging von früh bis in die sinkende Nacht nie aus, denn der Kronprinz Albert war ein starker Raucher. Von Grand Tremblay

pflegte er mit seinem Stabe täglich einen Teil der Zernierungs=
front zu bereiten, besichtigte die Vorposten und die Arbeiten, nahm
Meldungen entgegen und verfügte über die nächtlich zu treffenden
Anstalten.

Als das Hauptquartier am 8. Oktober von Tremblay nach
dem romantisch gelegenen Dorfe Margency und zwar in die
schloßähnliche Besitzung des nach Paris geflüchteten Bankiers
Davillier verlegt wurde, weil König Wilhelm am 5. Oktober
von Ferrières nach Versailles übergesiedelt war, erlitt des Kronprinzen Albert Tagesordnung manche Abänderung oder Erweiterung,
indem man, wenn es der Dienst erlaubte, Ausflüge machte. So
ging es zum Beispiel nach St. Germain, wo im Pavillon Louis
XIV. das Frühstück genommen wurde, ein andres Mal nach
Montmorency, wo auf dem Turm im weißen Hause Obser-
vationspunkte errichtet worden waren; nicht minder war dies der
Fall auf der Höhe von Sonvis oder in der Mühle des Mont
b'Orgemont. Mehrfach wurde ferner besucht das Dorf Napoleon St.
Leu, dessen Schloß mit großartigen Orangerien längere Zeit von
der vormaligen spanischen Königin Isabella bewohnt gewesen ist
und dessen benachbarter Aussichtsturm eine entzückende Fernsicht
über Paris und die Landschaften an den Seine=Ufern darbot. In
der Kirche von St. Leu liegen der Vater Napoleons I. und
Napoleons III. begraben. Auch nach dem romantischen Ecouen
mit seinem in ein Lazarett umgewandelten und mit einem
befestigten Eingang versehenen vormaligen Nonnenkloster wurde
öfter geritten. Als Kronprinz Albert am Nachmittag des 20. November bei der unweit Sanbonne gelegenen, zu einer Feldtele-
graphenstation benutzten Windmühle sein Pferd bestieg, schlugen
wenige Schritte von ihm Granaten ein, die anscheinend von dem
Fort de la Briche abgefeuert waren; lächelnd äußerte er dabei zu
seiner Umgebung, es dürfte diesmal wohl auf ihn ganz besonders
abgesehen gewesen sein. Im Hauptquartier der Maasarmee gab
es immer viel Besuch, sodaß ein Extrafremdenzimmer eingerichtet
worden war und der Kronprinz Albert sein Hauptquartier selber
oft im Scherz „Hotel zum Kronprinzen von Sachsen" nannte.

Am 16. November unterstellte der Oberbefehlshaber König
Wilhelm auch die königlich württembergische Felddivision dem Ober=

kommando der Maasarmee. Nach der blutigen Schlacht bei Villiers und Brie am 30. November und 2. Dezember, in der sich Württemberger und Sachsen in gleicher Weise auszeichneten, besichtigte Kronprinz Albert die Stellungen der sächsischen wie württembergischen Truppen. Am 4. Dezember erhielt das Oberkommando der Maasarmee aus dem Hauptquartier zu Versailles den von Sachsens Kronprinzen schon längst erbetenen Befehl zum Artillerie-Angriff auf den Mont Avron, dessen Erdwerke ein stetes Ausfallthor, namentlich gegen die sächsischen Stellungen, bildete. Nach vorhergegangener mehrtägiger Beschießung wurde am 26. Dezember der Mont Avron von sächsischen Truppen besetzt, vom Feinde aber bereits verlassen gefunden. Am 21. Dezember hatte auch die Maasarmee noch einen Ausfall der Franzosen bei Le Bourget zurückzuweisen, bei welchem Treffen sich namentlich einige Garderegimenter und solche des IV. Armeekorps auszeichneten. Ihr Oberbefehlshaber, Kronprinz Albert, erhielt kurz darauf vom König Wilhelm das Eichenlaub zum Orden pour le mérite.

Auch die ersten Tage des Januar 1871 brachten dem Führer der Maasarmee mehrere militärische Auszeichnungen; es wurde dem Kronprinzen Albert nämlich sowohl das Großkreuz des oldenburgischen Hausordens mit Schwertern, als auch das Großkreuz des württembergischen Militär-Verdienstordens verliehen. Am 18. Januar wohnte der Erbe des sächsischen Königsthrones mit seinem Bruder, dem kommandierenden General des XII. Armeekorps Prinzen Georg, ferner dem Kriegsminister General von Fabrice, sowie einer Deputation sächsischer Offiziere der Kaiserproklamation im Spiegelsaale des Schlosses zu Versailles und am folgenden Tage der Schlacht am Mont Valerien bei, an welcher das zur Maasarmee gehörige IV. Armeekorps beteiligt war. Am 21. Januar wurde die Belagerung und Beschießung von St. Denis begonnen und bereits am 29. Januar erfolgte der Einzug des sächsischen Feldherrn in die bezwungene Stadt an der Spitze des IV. Armeekorps. Die Bezwingung von St. Denis war die letzte Waffenthat des Kronprinzen Albert. Die Kapitulation von Paris und die darauf folgenden Friedensunterhandlungen beendeten den glorreichen Siegeslauf der deutschen Heere 1870/71. Den Kronprinzen Albert von Sachsen aber erwarteten noch hohe militärische

Auszeichnungen und Ehren. Nachdem er am 1. März der großen
Parade der III. Armee auf dem Longchamp und dem Einzuge der
deutschen Truppen in Paris beigewohnt hatte, wurde ihm die
Auszeichnung zu teil, sowohl am 3. März die vor Kaiser Wil=
helm stattfindende Parade über das Gardekorps, die Landwehr=
division und die Festungstruppen auf dem Longchamp, wie am 7.
März diejenige des I. bayrischen und des sächsischen Korps nebst
der württembergischen Felddivision bei Villiers zu kommandieren.

Unterm 13. März verlegte Kronprinz Albert sein Haupt=
quartier nach Compiègne und übernahm an diesem Tage auch das
Kommando über sämtliche vor Paris verbleibenden deutschen
Truppen, die als III. Armee vereinigt wurden. Nach Compiègne
folgte dem sächsischen Kronprinzen seine Gemahlin Karola; hier
hielt das hohe Paar zwei Monate lang Hoflager und schuf für
die Offiziere aller Waffengattungen einen Mittelpunkt heiterer Ge=
selligkeit und ritterlicher Vergnügungen. Ältere preußische wie
sächsische Offiziere rühmen noch heute aus jener Zeit die einfache
Herzlichkeit im Benehmen des erlauchten Feldherrn, seine Geradheit
und Anspruchslosigkeit und die leutselige Teilnahme für die ihm
unterstehenden Mannschaften. Am 16. März wurde dem Kronprinzen
Albert das mecklenburgische Verdienstkreuz I. Klasse, sowie die
schaumburg=lippesche Militär-Verdienstmedaille, am 22. März aber,
dem Geburtstage des Kaisers Wilhelm, von diesem das Groß=
kreuz des eisernen Kreuzes verliehen. Im April erhielt der
sächsische Kronprinz ferner das Großkreuz des bayrischen Max=
Joseph=Ordens. Die Feier des 43. Geburtstages des Kronprinzen
Albert gab Anlaß zu einem glänzenden Feste in den Prunksälen
des Schlosses zu Compiègne. An dem Bankett nahmen 200
Generale und Stabsoffiziere teil, der Park war feenhaft
illuminiert und den Beschluß bildete ein großes Feuerwerk, welches
die Kronprinzessin Karola aus Dresden hatte kommen lassen.
Währenddem tobte in Paris der Bürgerkrieg und sein Verlauf
zwang den sächsischen Kronprinzen am 17. Mai zur Rückkehr nach
Margency und übernahm er das Oberkommando über alle damals
noch vor Paris stehenden deutschen Streitkräfte, zusammen 8
Armeekorps.

Seitdem kam der Kronprinz Albert von Sachsen wiederholt

bei seinen Rekognoszierungsritten in das auf Paris gerichtete
Feuer der französischen Regierungstruppen. Nachdem am 25. Mai
während des furchtbaren Straßenkampfes in Paris die Anzündung
der öffentlichen Gebäude auf Befehl der Kommunehäupter erfolgt
war, nahm der Kronprinz wiederholt von den Höhen bei Mont=
magny das großartige Schauspiel des Brandes der Tuilerien in
Augenschein. Als am 1. Pfingstfesttage, dem 28. Mai, die Vor=
stadt La Vilette und die Buttes Chaumont von den Versailler
Truppen erstürmt waren, traf eine Depesche Mac Mahons bei
dem Kronprinzen ein, die den vollendeten Sieg über die Kommune,
die gänzliche Erstickung des Aufstandes meldete und dem wärmsten
Danke dafür Ausdruck verlieh, daß der Kronprinz durch Absperrung
der nördlichen und östlichen Ausgänge von Paris mit deutschen
Truppen wesentlich zur Unterdrückung der Revolution mit beige=
tragen habe. Nachdem der gefeierte Feldherr am 7. Juni 1871
durch Kaiser Wilhelm vom Oberkommando in Frankreich entbunden
war, erfolgte am 9. Juni seine Rückfahrt nach Dresden.

Er wohnte, vom Kaiser tags zuvor zum Generalinspekteur
der aus dem I., V. und VI. Armeekorps gebildeten 1. Armee=
Inspektion ernannt, am 16. Juni dem Truppeneinzug in Berlin
bei und wurde am selben Tage mit dem mecklenburg=strelitzer
Tapferkeitskreuz dekoriert. Die ihm vom Kaiser zugedachte Dotation
in Höhe von 300,000 Thalern lehnte er ab. Unterm 29. Juni
übernahm Kronprinz Albert wieder das Kommando über das
königl. sächsische Armeekorps, welches bis dahin seit dem Tage
nach der Schlacht bei St. Privat von seinem Bruder, dem Prinzen
Georg, geführt worden war. Am 11. Juli fand sodann der
Truppeneinzug in Dresden statt, der sich für Kronprinz Albert
und das ganze sächsische Militär zu einem hohen Fest= und Freuden=
tag gestaltete. Am 11. Juli 1871 war es, als Kronprinz Albert
zum erstenmal mit dem Marschallstab in der Rechten sich dem
sächsischen Heere und Volke zeigte. Kaiser Wilhelm hatte den
hochverdienten Feldherrn zum Generalfeldmarschall ernannt und
sein Vater, König Johann, ihm draußen im großen Garten, von
wo aus die Truppen ihren Einzug in die festlich geschmückte
Residenz hielten, das kaiserliche Handschreiben und zugleich den
im historischen Museum befindlichen goldenen Marschallstab des

Polenkönigs Sobiesky, den dieser beim Entsatz von Wien 1683 geführt hatte, überreicht.

Das Handschreiben des deutschen Kaisers war aus Ems vom 11. Juli datiert und hatte folgenden Wortlaut: „Eurer Königlichen Hoheit habe Ich bereits wiederholt Meinen Dank und Meine volle Anerkennung für Ihre hervorragenden Leistungen während des verflossenen Krieges auszusprechen Gelegenheit gehabt. Der heutige Tag des Einzugs der braven Truppen des XII. (kgl. sächs.) Armeekorps in die heimatliche Hauptstadt giebt Mir aufs neue Veranlassung, der Verdienste zu gedenken, welche Eure Königliche Hoheit sich an der Spitze dieses Korps und demnächst als Oberbefehlshaber der Maasarmee um die Erfolge unserer Kämpfe und um das Vaterland erworben haben. Es ist Eurer Königlichen Hoheit gelungen, diese große Heeresabteilung mit sicherer Hand wiederholt zum Siege zu führen und in den Truppen das Gefühl unbedingten Vertrauens zu dem bewährten Oberfeldherrn zu erwecken. Eure Königliche Hoheit haben Sich deshalb einen Anspruch auf die höchsten militärischen Würden erworben und es gereicht Mir zur besonderen Freude, Ihren Verdiensten um das deutsche Reich eine ehrende öffentliche Anerkennung zu teil werden zu lassen, indem ich Sie, im Einverständnis mit Seiner Majestät, dem Könige von Sachsen, hierdurch zum Generalfeldmarschall ernenne.

Wilhelm."

Auch die Offiziere der Maasarmee beschenkten ihren Führer an seinem Ehrentage mit einem Marschallstabe; die Stadt Dresden ließ ihm einen silbernen Lorbeerkranz, die Stände des Meißner Kreises einen silbernen Ehrenschild und die Einwohner Leipzigs ein silbernes Ehrendenkmal überreichen. Außerdem wurde dem Kronprinzen Albert unterm 11. Juli 1871 auch das hessische Militärkreuz verliehen.

Im Herbst des folgenden Jahres besichtigte der Kronprinz das zu seiner Armeeinspektion gehörige königl. preußische VI. Armeekorps brigadeweise in Schlesien und auch im September 1873 hatte er mit der Besichtigung des V. Korps divisionsweise bei Bunzlau und Schwiebus die jährliche Inspektion begonnen, mußte dieselbe aber unterbrechen infolge der tödlichen Erkrankung seines Vaters. Dieselbe hatte ihn bereits Ende Juli aus Metz nach Dresden zurückgerufen, wohin er sich in Begleitung seiner Gemahlin und seines Bruders, des Prinzen Georg, begeben hatte, um der am 31. Juli auf der Flur vor St. Privat stattfindenden Einweihung des Sachsendenkmals beizuwohnen.

König Johann entschlief nach langem Leiden am 29. Oktober 1873 und Kronprinz Albert bestieg den sächsischen Thron. Durch seinen Regierungsantritt wurde Se. Majestät, wie jeder sächsische Regent, Chef des 1. (Leib=) Grenadierregiments Nr. 100, des Gardereiterregiments und der kgl. sächs. Feldartillerie. Außerdem wurde ihm seitens des Kaisers von Österreich das 3. österreichische Dragoner=Regiment verliehen. Der König Ludwig II. von Bayern verlieh ihm unterm 25. April 1875 gleichfalls ein Regiment und zwar das 15. Infanterie=Regiment.

Die erste Geburtstagsfeier auf dem Thron benutzte König Albert dazu, für seine Soldaten sichtbare Zeichen seines Dankes und seiner Wertschätzung zu schaffen. Anläßlich des 25. Jahres=tages der Wegnahme der Düppeler Höhen, am 13. April 1874, stiftete der Monarch ein Erinnerungskreuz für den damaligen Feld=zug und am 23. April ein Dienstauszeichnungskreuz für die Armee.

Der Armee schenkte König Albert seine unausgesetzte Aufmerk=samkeit und die Erhöhung ihrer Leistungsfähigkeit suchte er zu fördern mit allen Mitteln. Das kgl. sächsische Armeekorps ist in seiner Regierung auf eine seltene Stufe der Vollkommenheit ge=hoben worden und gehört gegenwärtig zu den stärksten und bestorganisierten des deutschen Reichsheeres, sodaß mehrfach fremd=ländische Offiziere, unter andern Schweden und Japaner, in den Reihen sächsischer Regimenter den deutschen Heeresdienst praktisch erlernten. Im Jahre 1876 wurden auf Befehl des Königs Albert die vier alten sächsischen Reiter=Regimenter, um sie in Überein=stimmung mit den anderen deutschen Armeekorps zu bringen, in Husaren= und Karabinier=Regimenter verwandelt, und die Infanterie und Artillerie erhielten im Laufe der Jahre sehr erhebliche Ver=stärkungen. Es wurden neuerrichtet 1881, 1887 und 1897 die Regimenter 133, 134 und 139, 177, 178 und 179, welche auch neue Feldzeichen mit dem Namenszug des Königs Albert erhielten, das 3. Jägerbataillon Nr. 15, das 3. Feldartillerie=

Regiment Nr. 32, eine 3. reitende Batterie, zwei Trainkompagnien und zwei sächsische Eisenbahnkompagnien, welche nach Berlin in Garnison kamen und preußische Uniform aber mit sächsischem Hoheitszeichen tragen. Dem Musikkorps des Eisenbahn=Regiments, in dessen Verband die sächsischen Kompagnien eintraten, verlieh König Albert einen Schellenbaum aus getriebenem Silber, welcher zum erstenmal zur Parade vorangetragen wurde gelegentlich des sechzigsten Geburtstages des Monarchen, am 23. April 1888.

Eine vielbewunderte Schöpfung und ein leuchtendes Denkmal der unablässigen Fürsorge des Königs Albert für die zum Dienst bei der Fahne eingezogenen Landeskinder ist die 1873 im Bau begonnene und des Königs Namen tragende Albertstadt im Vor= land der Dresdner Haide: die großartigste Vereinigung militärischer Bauten, welche das deutsche Reich überhaupt besitzt. Nicht minder sind in der Provinz unter König Albert viele neue praktisch und bequem eingerichtete Kasernenbauten, sowie das Barackenlager auf dem gleichfalls neuangelegten Artillerie=Schießplatz bei Zeithain entstanden. Der intellektuelle Urheber der Albertstadt war der sächsische Kriegsminister General von Fabrice: des Königs Albert getreuer Helfer und Berater im Felde, wie zur Friedenszeit. In= folge der Verlegung der Militärgebäude war es möglich, der Neustadt in Dresden ganz neue und moderne Stadtteile zu geben.

Die enge und innige Verbindung, in welcher König Albert schon vor der Übernahme der Regierung zu der Armee seines Landes gestanden, läßt es ganz natürlich erscheinen, daß die alten und die jungen Soldaten an ihm hängen fest und treu; hat er doch mit ihnen allezeit Not und Gefahr geteilt, sie überall zu Ruhm und Sieg geführt. Dazu kommt aber noch, daß er den Angehörigen der Armee auch nach deren Ausscheiden seine Huld erhalten und ihnen oftmals die Hand zur Hilfe und Unterstützung geboten hat. Durch Übernahme des Protektorates über sämt= liche sächsische Militärvereine in den sechziger Jahren förderte er deren Blüte ungemein, und als diese auf Anregung verschiedener patriotischer Männer und alter Soldaten im Jahre 1873 be= gannen, sich zu einem großen Landesverband zu vereinigen, da war es vor allem des allverehrten Kronprinzen Albert Wort, welches die gedienten sächsischen Soldaten zu diesem löblichen

Werke ins Gewehr rief und die Schaffung von „Sachsens Militär=
Vereins=Bund" förderte. Letzterer umfaßt heute fast sämtliche
Militär=Vereine des Königreichs Sachsen und wirkt sehr segensreich,
wozu er vor allem wieder durch König Alberts echt fürstliche
Freigebigkeit und Fürsorge in den Stand gesetzt worden ist, da
der Monarch genannter Vereinigung jährlich 3000 Mark zufließen
läßt, 2400 durch das Kriegsministerium und 600 Mark aus seiner
Privatschatulle.

König Albert ist ein echt deutscher Fürst und der treueste, auf=
richtigste Freund von Kaiser und Reich. Die unausgesetzte und
mit der größten Selbstlosigkeit ausgeübte Thätigkeit des Sachsen=
königs für Einheit und Kräftigung des deutschen Reichs nach
jeder Richtung hin hat den hochherzigen Wettiner auch mit allen
deutschen Fürsten zu enger Freundschaft vereinigt. Diese Thatsache
ist in der Neuzeit mehrfach dadurch zum öffentlichen Ausdruck ge=
kommen, daß der König den Oberhäuptern der regierenden Fürsten=
familien Ehrenstellungen in seiner Armee angewiesen hat, damit
gleichsam die untrennbare Zusammengehörigkeit von Fürst, Volk
und Heer in jedem deutschen Gau zu Schutz und Trutz des ge=
meinsamen Vaterlands, des Reichs, manifestierend. So verlieh
König Albert dem Herzog Ernst von Altenburg gelegentlich dessen
silberner Hochzeit am 28. April 1878 das 1. Jägerbataillon
Nr. 12, dem Prinzregenten Luitpold von Bayern beim Besuche
desselben am sächsischen Hofe in Dresden am 11. Dezember 1886
nach Übernahme der Regierung das 3. Infanterie=Regiment
Nr. 102, dem heutigen deutschen Kaiser Wilhelm II. am 9. April
1888 das 2. Grenadierregiment Nr. 101, dem Kaiser Franz
Joseph von Österreich gelegentlich der Vermählung des Prinzen
Friedrich August von Sachsen mit der Erzherzogin Luise von
Österreich=Toskana am 21. November 1891 zu Wien das
1. Ulanen=Regiment Nr. 17, dem König Wilhelm II. von Württem=
berg beim Besuche desselben in Stuttgart am 1. Mai 1892 das
6. Infanterie=Regiment Nr. 105, dem Fürsten Heinrich XIV. von
Reuß jüngerer Linie bei dessen 25=jährigem Regierungsjubiläum
am 11. Juli 1892 das 2. Jägerbataillon Nr. 13 und dem Groß=
herzog Karl Alexander von Sachsen anläßlich der Teilnahme an dessen
goldener Hochzeit am 7. Oktober 1892 das Karabinier=Regiment.

König Albert und Königin Carola von Sachsen.

Es dürfte hier der geeignetste Ort sein, noch zwei andere Auszeichnungen dieser Art, welche sächsischen Regimentern durch König Albert zuteil geworden sind, anzuführen. Sie wurden verfügt bei der 100jährigen Jubelfeier des 2. Husaren=Regiments Nr. 19 in Grimma am 30. Juli 1891, an welcher König Albert sich persönlich in Begleitung des Prinzen Georg und des Prinzen Friedrich August beteiligte. König Albert erklärte nämlich bei jener Gelegenheit sich selbst zum Chef des 1. und seine Gemahlin zum Chef des 2. Husaren=Regiments; ersteres heißt seitdem Königs= und letzteres Königin=Husaren=Regiment. Bei dem damaligen Festmahl im Offizierskasino trug König Albert zum erstenmal den goldverschnürten Attila des gedachten Regiments, dessen Chef er bereits als Kronprinz lange Jahre gewesen ist.

König Albert von Sachsen hat sich als Feldherr und Reichsfürst unsterblich gemacht. Was er seinem Volke als Landesvater gewesen, das erhellt am deutlichsten aus der einen Thatsache, daß Sachsen gegenwärtig im ganzen deutschen Reiche in hohem Ansehen steht. Das ist früher keineswegs stets der Fall gewesen. Die Sachsen und alle deutschen Soldaten hängen aber auch gerade an König Albert mit einer großen Liebe und aufrichtigen Verehrung, wie dies vor aller Welt kund und offenbar geworden ist gelegentlich der silbernen Hochzeit des sächsischen Königspaares am 18. Juni 1878, bei dem glänzenden Wettinfeste im Juni 1889 und bei Gelegenheit des 50jährigen Militärdienstjubiläums, welches König Albert im Oktober 1893 feierte.

Zu letzterem erschienen eine Anzahl deutscher Fürsten in Dresden, sowie der deutsche Kaiser an der Spitze der kommandierenden Generale des deutschen Reichsheeres. Kaiser Wilhelm II. überreichte unter warmen Worten des Dankes dem Sachsenkönig einen Marschallstab mit Brillanten besetzt und ernannte ihn zum Chef des kgl. preuß. 2. Garde=Ulanen=Regiments, der König von Württemberg Wilhelm II. verlieh dem Jubilar das kgl. württembergische 3. Infanterie=Regiment Nr. 121 und der Kaiser Franz Joseph von Österreich entsandte den berühmten Feldherrn der österreich=ungarischen Armee Erzherzog Albrecht zur Beglückwünschung des Königs Albert nach Dresden. Die sächsische Armee aber stiftete ihrem König und Kriegsherrn eine goldene Kette zum

Heinrichsorden, welche durch ihren kommandierenden General, Generalfeldmarschall Prinz Georg mit einer feierlichen Ansprache überreicht wurde.

Die Antwort des Königs Albert war für die Armee ganz besonders anerkennend, sie lautete, wie folgt: „Ich danke der Armee für das Geschenk, welches sie Mir soeben durch ihre Deputation hat überreichen lassen und für die Adresse, welche Mir der kommandierende General in ihrem Namen verlesen hat. Wenn Ich diese neugestiftete Kette vom Heinrichsorden aus den Händen Meiner Armee annehme und trage, so thue Ich dies nicht für eigenes Verdienst, sondern als eine Anerkennung für das, was die Armee geleistet hat, seit Ich ihr angehöre. Ich feiere heute gewissermaßen Meine goldene Hochzeit mit der Armee und Ich bin dieser meiner Jugendliebe immer treu geblieben. Ich habe mit der Armee gute und schwere Tage verlebt. Stets war aber die Armee dieselbe, immer gehorsam, pflichtbewußt, treu und hingebend. Daß Ich diesen Tag heute unter so mannigfachen Ehrenbezeugungen erleben kann, verdanke Ich nur der Armee. Besonders habe Ich diese Zusammengehörigkeit der Armee zu Mir empfunden in schweren Tagen. Ewig unvergeßlich werden Mir sein die Zurufe aus ihren Reihen — nicht von Offizieren, sondern von Meinen Soldaten — auf dem Rückzuge von Königgrätz. In glücklichen Tagen habe Ich sie ja auch oft gehört, aber von einer siegreichen Armee erklingen sie von selbst. So bin Ich verwachsen mit der Armee, die Mir stets nur Freude gemacht hat. Und so soll es bleiben für alle Zeiten. Danken Sie denen, die Sie entsendet haben, nochmals für das schöne Geschenk."

Die goldene Kette zum Heinrichsorden besteht aus zwölf großen Gliedern, die unter sich durch kurze Kettenstücke verbunden sind. Das Haupt= und Mittelglied wiederholt sich sechsmal. Das Hauptstück zeigt im grünen Lorbeerkranz das von Löwen gehaltene königl. sächsische Wappen und von Ketten getragen die gekreuzten Marschallstäbe, die durch eine blau emaillierte Schleife zusammengehalten werden, welche in Gold die Jahreszahl 1843/1893 trägt. Unter den Marschallstäben hängt der Militär= St. Heinrichsorden. Die nächsten Glieder rechts und links zeigen die Namenschiffre „A. R." mit Krone, umgeben von einem Lor=

Marschallstab.
Ein kaiserliches Geschenk.

Kopfstücke des Marschallstabes.

beerkranz. Die Rückseite trägt die Namen von zehn Schlachten, an denen König Albert teilgenommen hat. Diese goldene Kette legt König Albert immer an bei allen großen Paraden und sonstigen Gelegenheiten, bei denen der Monarch die Armee besonders ehren und auszeichnen will. Den kaiserlichen Marschallstab aber hat er zum erstenmal geführt bei der Kaiserparade der sächsischen Truppen bei Zeithain am 3. September 1896.

Der Marschallstab besteht aus einer mit hellblauem Sammet überzogenen silbernen Hülse, welche abwechselnd mit goldenen preußischen Adlern und preußischen Königskronen besetzt ist, und zwar derart, daß in einer Längsreihe je sieben Adler und sieben Kronen Platz gefunden haben. Im ganzen sind vier solche Längsreihen angebracht. Die Hülse wird oben und unten von goldenen Kopfstücken abgeschlossen. Die obere Deckelplatte dieser Kopfstücke zeigt auf weißem Emaillegrund den königlichen Namenszug „W. R." in Brillantrosen, von einem goldenen Lorbeerkranze umgeben, während die Emailleplatte von einer Reihe Brillanten umringt ist. Die untere Deckelplatte trägt auf tieforangefarbigem Grunde einen mit Brillantrosen dicht besetzten preußischen Adler. Diese Platte ist von einer Reihe Smaragden und einer Reihe Brillanten umkränzt, welche die sächsischen Landesfarben symbolisieren. An den beiden Kopfstücken ist friesartig herumlaufend je ein Lorbeerband angebracht und von beiden Seiten durch einen mit Brillanten besetzten Rand abgeschlossen. Dieses Band trägt folgende Widmung: „Wilhelm II., König von Preußen, dem Feldmarschall König Albert von Sachsen für Verdienste im siegreichen Feldzuge 1870/71 zum 50 jährigen Militärdienstjubiläum 24. Oktober 1893." Gegen den blauen Sammet sind die Kopfstücke durch eine Reihe von Perlen abgeschlossen. Außerdem sind in den Höhlungen der Kopfstücke je acht frei gearbeitete goldene Blumen eingefügt, aus deren Mitte sich große Brillanten herausheben. Der Marschallstab hat eine Länge von 49½ cm bei einem Durchmesser von 4 cm.

König Albert von Sachsen ist der erfolgreichste Soldat der Gegenwart und gehört zu denjenigen Fürsten des deutschen Reichs, welche die Liebe und Verehrung des ganzen deutschen Volkes in seltener Weise sich zu erwerben verstanden haben. Mag der Herr der Welt noch lange schirmend seine allmächtige Hand halten über König Albert, den Stolz des Sachsenvolkes, wie des deutschen Heeres!

Bei Düppel
am 13. April 1849.

> Wer ist der junge kühne Degen,
> Der dort im dichten Kugelregen
> Vor Düppel brach den ersten Lorbeerzweig?...
> Der Herzog Albert ist's von Sachsen,
> Dem noch viel Lorbeer sollte wachsen,
> Der ruhmvoll focht für Kaiser und fürs Reich!
> Max Dittrich.

Als im Jahre 1849 zum Kampfe gegen die Dänen auch sächsische Truppen nach „Schleswig-Holstein meerumschlungen" gesandt wurden, war mit und unter ihnen der Prinz Albert, welcher damals erst 21 Jahre zählte und den Rang eines Hauptmanns der Artillerie bekleidete. Er wurde im damaligen Feldzuge dem Stabe des Höchstkommandierenden, des kgl. preußischen Generals von Prittwitz, zugeteilt und bestand die militärische Feuertaufe in glänzender Weise, wodurch er seinen Truppen ein leuchtendes Beispiel gab und sie im höchsten Grade begeisterte und zur Tapferkeit anfeuerte. Dies geschah bei Gelegenheit der am Morgen des 13. April durch Bayern und Sachsen vollzogenen Wegnahme der Düppeler Höhen. Es war ein heißer Tag für die sächsischen Truppen und kostete ihnen 27 Tote und 98 Verwundete, von denen allein 14 Tote und 48 Verwundete auf die Schützen entfielen. Außer dem aus dem 2. Bataillon und der 1. und 2. Kompagnie des 3. Bataillons kombinierten Schützenbataillon waren noch an der Waffenthat beteiligt: die beiden Infanterie-Regimenter „Prinz Max" und „Prinz Georg", eine 12pfündige und eine 6pfündige Batterie, sowie eine Abteilung Pioniere.

„Die königl. sächsischen Truppen haben sich" — so äußert sich der preuß. Artillerie-Premierlieutenant Rothenburg in seiner 1850 erschienenen Schrift: „Das Treffen bei Düppel" — „bei Düppel sehr brav geschlagen, was um so mehr Anerkennung verdient, weil ein Teil derselben aus ganz jungen Leuten bestand, welche erst den Winter vorher ihre zum Teil unvollständige Ausbildung erhalten hatten. Die Offiziere waren bemüht, den Mannschaften ein Beispiel von Mut und Entschlossenheit zu geben, vor allem war der brave Generalmajor von Heintz, Kommandeur des sächsischen Kontingents, seinen Truppen das würdigste Vorbild. Begeisternd aber wirkte auf diese namentlich die Gegenwart des Prinzen Albert, der sich im heftigsten Geschütz- und Gewehrfeuer zeigte und dessen Ansprache durch weithin schallenden Jubelruf erwidert wurde. Der Prinz trotzte jeder Gefahr und war oft bei den Abteilungen, welche im heftigsten Feuer standen, so daß man um ihn ernstlich besorgt war. In einem solchen Moment wurde von dem General von Prittwitz der sächsische Brigadeadjutant Oberlieutenant d'Alinge mit dem Auftrage zum Prinzen gesendet, ihn möglichst schnell zurückzuführen. Mehrere Kugeln schlugen in seiner Nähe ein, eine Granate sprang, allein der Prinz wollte die Truppen nicht verlassen, bis der Oberlieutenant d'Alinge endlich sagte: ‚Se. Exzellenz befiehlt, daß Ew. königl. Hoheit sofort zurückkehren.' Nun erst folgte der Prinz, aber höchst ungern, dem Befehl." Soweit Rothenburg.

„Das Gefecht bei Düppel am 13. April zerfiel in zwei Hauptmomente: den Kampf um die Einnahme der Düppeler Höhen und den um ihre Behauptung gegen die Wiedereroberungsversuche der Dänen. Der Angriff des rechten Flügels auf die Schanzen an der Düppeler Mühle wurde früh gegen 4 Uhr von den Bayern überraschend und mit solcher Energie ausgeführt, daß die Dänen, ohne ernste Gegenwehr die Schanzen räumend, bald flüchtig dem Brückenkopfe an der Sonderburger Straße zueilten, dort erst sich sammelten und wieder aufstellten.

Vom linken Flügel waren die sächsischen Vortruppen: das kombinierte Schützenbataillon unter Oberstlieutenant Schubauer, das 3. Bataillon Georg unter Oberstlieutenant von Hake, die 9., die halbe 10. und die halbe 11. Kompagnie vom 3. Bataillon Max unter Major von Harttmann, die 6-pfündige Batterie unter Hauptmann Schneider, die 12-pfündige Batterie unter Hauptmann Boudet und die Pionier-Abteilung unter Oberstlieutenant Köhler bei dem Krug östlich von Rackebüll früh 3 Uhr geräuschlos und ohne Signal durch Generalmajor von Heintz versammelt worden. Die übrigen sächsischen Truppen standen um dieselbe Zeit: 1. Bataillon Max auf Vorposten, 2. Bataillon Max dicht an Satrup, die halbe 10. Kompagnie Max als Wache im Hauptquartier Seegaarden, die halbe 11. Kompagnie Max in Quars zur Parkdeckung, die 12. Kompagnie Max in Staberup-Moos und das 1. und 2. Bataillon Georg hinter der Kirche von Satrup.

Da mit Beginn des Sturmes der Bayern auf die verschanzten Höhen der feindliche rechte Flügel angegriffen werden und Surlycke besetzt werden sollte, so trat die sächsische Brigade kurz nach 4 Uhr ihren Marsch von Rackebüll dorthin an. General von Heintz, der Oberbefehlshaber der Sachsen und sein Generalstabschef, Generalmajor von Hahn, befanden sich bei der Vorhut: Schützen und Pioniere. Letztere beseitigten rasch verschiedene Verhaue und nahmen das vom Feinde bereits aufgegebene Surlycke ebenso in Besitz, wie das davor gelegene Steinhöft. Gegen 5 Uhr war die sächsische Vorhut mit ihrer Spitze bis nahe an den Schnittpunkt der Apenrader und Flensburger Straße gelangt, etwa 800 Meter vom dänischen Brückenkopf entfernt. Hier, wie beim Vormarsch wurden die Sachsen von den Alsener Strandbatterien, sowie den Geschützen eines dänischen Dampfbootes und dreier Kanonenboote im Alsensund mit Vollkugeln und Hohlgeschossen überschüttet, die aber bei der herrschenden Dunkelheit ohne große Wirkung blieben. Das 3. Bataillon Georg wurde beim Vormarsch nach der Düppelmühle geschickt, um die Verbindung mit den Bayern herzustellen und die Kompagnien des 3. Bataillons Max wurden bei den Batterien an der Straße von Rackebüll zurückgelassen.

Die beiden sächsischen Batterien unter dem Befehle des Majors von Rouvroy waren nach 5 Uhr auf Befehl des Generals von Prittwitz auf der Apenrader-Sonderburger Straße vorgegangen, hatten den Weg zwischen Surlycke und Steinhöft unter dem heftigsten Feuer der Alsener Strandbatterien im Trabe passiert und standen die 6pfündige Batterie um 6 Uhr früh, die 12pfündige 10 Minuten später auf einer Anhöhe, 400 Schritt südlich des Gehöfts Steinhöft zum Feuern bereit. Der Aufstellungspunkt war der denkbar mißlichste und bald vereinigte sich das ganze feindliche Artilleriefeuer vom Alsenstrande wie vom Sunde, auf die eng zusammengedrängten Batterien, welche erhebliche Verluste an Mann, Pferd und Material erlitten, namentlich, weil die Dänen, welche früher hier von Alsen und Alsensund aus Artillerieschießübungen gehalten hatten, die Entfernungen ganz genau kannten.

Zwei Geschütze wurden bemontiert, ein drittes wurde infolge Platzens einer Hohlkugel durch die scheu werdenden Pferde in den Sumpf geschoben. Die sächsische Artillerie focht gleichwohl mit beispielloser Ruhe und Unerschrockenheit, mußte aber nach ³/₄stündigem Feuern und nachdem infolge einzelner ihrer Schüsse das heftige Feuer des Feindes zeitweise bedeutend schwächer geworden war, doch die exponierte Stellung räumen. Beide Batterien gingen unter dem heftigsten Flankenfeuer der dänischen Artillerie zurück nach Rackebüll, kamen auch nicht wieder in Verwendung, obgleich General von Prittwitz durch sächsische Pioniere nördlich der Düppeler Mühle auf der Höhe eine flüchtige Batterie für 5—6 Geschütze hatte anlegen lassen, von welcher aus der von den Dänen besetzte Brückenkopf bestrichen werden konnte und die bereits 8 Uhr morgens fertig war. Die gedachten drei Geschütze mußten von der Artillerie, die auch 10 Mann und 4 Pferde verloren hatte, zurückgelassen werden.

Mit den Batterien ging auch die 5. Kompagnie Max zurück, welche als Geschützbedeckung gedient hatte. Die anderen Kompagnien vom 3. Bataillon Max waren den Batterien bei ihrem Vorgehen bis Surlycke gefolgt, wohin auch das 1. Bataillon nach Einziehen seiner Vorposten abgerückt war, mit alleiniger Ausnahme der 4. Kompagnie, die in Reserve bei Rackebüll aufgestellt wurde. Nach dem Zurückgehen der sächsischen Batterien richtete sich das dänische Artilleriefeuer vornehmlich gegen die sächsische Infanterie bei Steinhöft und Surlycke zwischen Alsensund und der Apenrader Landstraße. Zu besserem Schutz gegen dieses Feuer rückte das 1. Bataillon Max hinter die etwas zurückgelegene Höhe. Um diese Zeit des Kampfes war der mit begeisterten Hochs empfangene Prinz Albert bei seinen Sachsen erschienen und blieb auch bei deren Vorhut, bis ihn endlich ein ausdrücklicher Befehl des Generals von Prittwitz an dessen Seite nach dem Windmühlenberge rief.

Gegen ¹/₂7 Uhr waren die Bayern und Sachsen im völligen Besitze der Düppeler Stellung und beherrschten das Gelände nach dem Brückenkopfe zu. Der dorthin zurückgewichene Feind unterhielt nur noch Geschützfeuer. Auf deutscher Seite glaubte man das Treffen beendet, welches sich aber noch einmal erneuern sollte. Um 7 Uhr rückten die Dänen mit 5 Bataillonen unter dem Schutze ihrer Batterien aus dem Brückenkopfe hervor, um sich der zurückgelassenen sächsischen Geschütze und des verlorenen Geländes zu bemächtigen.

Der erste Angriff der Dänen auf die Düppelmühle wurde auf Befehl des im Zentrum der Sachsen haltenden Generals von Heinz mit dem Bajonett von 2½ Kompagnien Schützen und dem 2. Bataillon des Regiments Georg abgewiesen; ein zweiter ungestümer Angriff des Feindes drängte die Sachsen mehrere hundert Schritt zurück. Das Gefecht wogte längere Zeit hin und her, wobei das vor der Front gelegene Gehöft mehrmals mit stürmender Hand genommen wurde. Um 8 Uhr nahm Major von Harttmann auf Befehl des Generalmajors von Heinz das lebhaft verteidigte Gehöft Steinhöft, wo sich die Dänen bei ihrem zur Wiedereroberung der von den Bayern früh gegen 4 Uhr genommenen Höhen ausgeführten Vorstoß aus dem Brückenkopfe festgesetzt hatten.

Major von Harttmann setzte sich mit dem Bataillons-Adjutanten Lieutenant von Schmieden zu Fuß an die Spitze seiner in Sektions-Kolonne formierten Kompagnien und nahm mit dem Bajonett im raschen Anlauf das Gehöft, den Gegner nach den nächsten Knicks — so heißen dort die teils aus Mauern, teils aus lebenden Hecken bestehenden Einfassungen der Wälder, Wiesen u. s. w. — zurückwerfend. Dort verstärkte sich letzterer anscheinend, während das Gehöft von Artillerie-Geschossen überschüttet wurde. Major von Harttmann führte darauf, um einem erneuten Angriffe des Feindes zu begegnen, zu dem sich dieser — Jäger an der Spitze — anschickte, sein Bataillon den vorstürmenden Dänen aus dem nach Süden wenig verteidigungsfähigen und schwer zu behauptenden Steinhöft entgegen. Hauptmann von Liebenau, der an der Spitze seiner 9. Kompagnie zunächst vorstürmte, wurde in den Leib geschossen, Lieutenant von Mandelsloh in den Arm, der Major mehrfach in Mantel und Rock. Durch diesen rechtzeitigen energischen Vorstoß gelang es

Das Sachsengrab auf dem Friedhofe von Satrup.

dem Bataillon, auch die Knicks vorwärts des Gehöftes zu erringen, das unterdessen durch feindliche Bomben in Brand geriet.

Der Gegner zog ab. Der Kampf Mann gegen Mann war damit auf der ganzen Linie beendet. Die Dänen waren allerwärts auf ihren Brückenkopf zurückgewichen und nur ein schwaches Plänklerfeuer hielt sich in dessen Nähe nachmittags noch kurze Zeit, während das feindliche Geschützfeuer, das besonders auf Steinhöft mit gerichtet blieb, sich bis zur einbrechenden Dunkelheit fortsetzte. Erst dann konnten die Truppen aus der Gefechtsstellung zurückgezogen werden, da die Alsenbatterien bei der geringsten Bewegung der Deutschen ihr Feuer mit Heftigkeit erneuerten.

Und was wurde aus den zurückgelassenen sächsischen Geschützen? Zwei hatten die Dänen bei ihren Angriffen nach Alsen gebracht. Das dritte, in den Sumpf geratene Geschütz wurde von der sächsischen Artillerie unter dem Schutze einer hannöverschen Abteilung und nachdem der erste, in der Nacht vom 14. auf den 15. April gemachte Versuch durch die Dänen vereitelt worden war, in der darauf folgenden Nacht glücklich zurückgeholt.

Das war der Tag von Düppel, an welchem die jungen sächsischen Regimenter sich frischen Lorbeer brachen, das Gardereiter-Regiment aber, welches auch mit zu dem 1849 nach Schleswig-Holstein entsendeten sächsischen Kontingente gehörte, erwarb sich bei den Operationen gegen Jütland die lobendste Anerkennung. Die im Gefechte bei Düppel gefallenen Sachsen wurden am 15. April auf dem Kirchhof von Satrup feierlich beerdigt. Prinz Albert, Regimentsdeputationen, viele Offiziere der Sachsen, der hannöversche Generalmajor v. Winnecken mit Stab und Rittmeister Graf Münster als Vertreter des Oberkommandierenden wohnten der Feier bei.

Prinz Albert von Sachsen, welcher bei Düppel mit kühnem Griffe im Jünglingseifer das erste volle Reis brach zu jenem vollen Lorbeerkranze, der nun seinen Namen für alle Zeiten auf den Ehrentafeln der neuzeitlichen Kriegsgeschichte umrankt, wurde damals mit den ersten jener Kriegsorden dekoriert, welche nun die Heldenbrust des streitbaren Sachsenkönigs zieren, insgesamt erworben vor seinem Regierungsantritt, im Schlachtenwetter der Feldzüge der Neuzeit und an der Spitze der sächsischen wie preußischer Truppen.

Bei Gitschin
am 29. Juni 1866.

*In Böhmen auf der Straße,
Liegt mancher Kamerad,
Den in dem Treffen bei Gitschin
Der Preuß' erschossen hat.
Es platzen die Granaten,
Es stürmt der Feind herauf,
„Steht fest, Ihr Kameraden,
Schießt wacker nur darauf!"*

Unbekannt.

Im Jahre 1866 führte die schon längst brennende Elbherzog= tümerfrage zum Kriege zwischen Österreich und Preußen. Sachsens geographische Lage ließ voraussehen, daß es seine Neutralität kaum würde aufrecht erhalten können. Es stellte sich auf Österreichs Seite. Unterm 9. Mai wurde das Heer auf Kriegsfuß gesetzt und vom 15. bis 19. Mai auf dem linken Elbufer vereinigt; sein Oberbefehlshaber war Kronprinz Albert. Preußens Kriegserklärung erfolgte am 15. Juni; zwei Tage später marschierten die sächsischen Truppen nach Böhmen ab. Es waren etwa 26 000 Mann mit 7500 Pferden und 58 Geschützen, eingeteilt in 20 Bataillone, 16 Schwadronen, 10 Batterien und 2 Pionierkompagnien. Der Gang des überraschend schnell verlaufenden Krieges war, daß die Preußen in drei getrennten Armeen von Schlesien und durch Sachsen in Böhmen einrückten, die einzelnen sich entgegenstellenden feindlichen Korps zurückwarfen und, erst auf dem Schlachtfelde sich vereinigend, die von Olmütz nach Königgrätz vorgerückte österreichische Nordarmee unter Feld= zeugmeister Benedek dort umfassend angriffen und schlugen. Als der Sieger in der Verfolgung nahe an Wien herangekommen war, machten Waffenstillstand und Frieden dem Kriege ein Ende.

Die Sachsen sollten anfangs sofort an die österreichische Haupt= armee herangezogen werden und mit Benutzung der Eisenbahn vor=

läufig die Gegend südwestlich von Königgrätz erreichen. Bereits waren die 1. Infanterie-Division, sowie das 13. und 14. Bataillon und 3 Batterien in Prelauc ausgeschifft, da kam Contreordre. Die Sachsen waren nur zur Reserve des an die Iser vorgeschobenen österreichischen Armee-Korps bestimmt. Die darüber hinaus waren, mußten daher zurückmarschieren. Die andere Hälfte des Korps erreichte den vorgeschriebenen Sammelpunkt Münchengrätz. Kronprinz Albert erhielt den Oberbefehl über die hier vereinigten Truppen und hatte den Auftrag, den Feind bis zum Herankommen aufzuhalten. Auch dieser Befehl wurde später durch Contreordre ersetzt und zwar als die Sachsen sich bei Gitschin im Gefechte befanden.

Der sächsische Kronprinz ging infolge des erwähnten Befehls nach mehreren kleineren Gefechten um die Iserübergänge am 29. Juli nach Gitschin zurück und stellte sich hier nachmittags von neuem. Es kam zu einem heftigen Gefecht, dessen Zentrum das Dorf Diletz bildete. In demselben war namentlich die Brigade „Kronprinz" beteiligt, welche starke Verluste erlitt. Die vier Bataillone derselben wurden, nachdem sie seit morgens 2 Uhr fortwährend marschiert und in den späten Nachmittagsstunden eben im Begriffe waren, ihren Fleischgries bei der Meierei Woktschitsch abzukochen, alarmiert. Alles stürzte an die Gewehre, sollte man doch nun endlich nach 13tägigem angestrengtesten Marschieren und nachdem man bereits seit zwei Tagen in der Ferne Kanonendonner gehört hatte, auch ins Gefecht kommen.

Nach zweistündigem anstrengenden Vormarsche in Gefechtsformation durch schnittreife Getreidefelder gelangten die Bataillone auf die Höhe von Diletz und sahen ungarische Husaren zurückjagen, österreichische Infanterie aufgelöst zurückfluten. Diletz, ein langhingestrecktes, aus einzelnen Häusern und Hütten bestehendes regellos gebautes Dorf im Thale, war bereits von der preußischen Avantgarde besetzt. Geschlossen stürmten die Sachsen vor gegen das Dorf. Ein rasendes Schnellfeuer prasselte ihnen entgegen und dezimierte ihre Reihen, aber mit Hurraruf und Trommelwirbel wurde das Dorf genommen. Schwieriger war das Halten desselben, da Gärten und Obstbäume, sowie hohe Getreidefelder es umgaben und die Angreifer bis auf 50 Schritt gegen Sicht deckten.

In Front und Flanke von dichten Schützenschwärmen der preußischen Infanterie-Regimenter Nr. 8 und 48 angegriffen, erlitten die unerschütterlich Stand haltenden Bataillone 1 und 2 durch ein verheerendes Schnellfeuer die schwersten Verluste. Die Überlegenheit des Zündnadelgewehrs über die sächsischen Vorderlader machte sich sehr empfindlich geltend. Erst als fast sämtliche Offiziere außer Gefecht gesetzt waren, das Dorf stellenweise schon wieder in Feindeshand sich befand, allenthalben Rückzugssignale ertönten und von Flanke und Rücken her Kugeln einschlugen, räumte die Brigade gegen 8 Uhr abends das hartnäckig verteidigte Dorf. Der Weg bis zur schützenden Höhe bedeckte sich bald mit zahlreichen Verwundeten. Dem Kronprinzen Albert war nämlich $^1/_48$ Uhr auf der Diletzer Höhe durch den österreichischen Major Grafen Sternberg die schon obenerwähnte Contre-Ordre des Kommandanten der Nord-Armee zugegangen, dahinlautend, daß die Bewegung gegen die Iser sistiert sei und die unter dem Befehle des sächsischen Kronprinzen stehenden Truppen sich unter Vermeidung größerer Gefechte mit der Hauptarmee vereinigen sollten.

Von den drei noch frischen sächsischen Brigaden marschierte nun die Leibbrigade zur Deckung des Abmarsches nach dem rückwärts und südlich vom Schlachtfelde liegenden Gitschin und erreichte aus nordöstlicher Richtung vom Zebiner Berg her, unbehelligt vom Feinde, um 11½ Uhr nachts diese Stadt. Kaum war jedoch das vordere 14. Bataillon auf dem geräumigen Marktplatze aufmarschiert, so wurde es aus den von Norden und Westen her einmündenden Straßen von der unbemerkt auf anderem Wege gefolgten Spitze der preußischen 5. Division und in der linken Flanke von den inzwischen gleichfalls die Stadt betretenden vorderen Abteilungen der preußischen 3. Division beschossen.

Das so urplötzlich entbrennende Nachtgefecht verlief indessen günstig für die Leibbrigade. Das 14. Bataillon besetzte die nächsten Straßen und das Feuer der 1. Kompagnie des 14. Bataillons, welches die 1. Kompagnie des 13. Bataillons unterstützte, trieb den andrängenden Feind zurück, der eine Kolonne von Diletz aus gegen das Jesuitenkloster im Norden von Gitschin vorgesandt hatte. Um Mitternacht veranlaßte der Generalstabschef Generalmajor v. Fabrice das Zurückgehen der vorgeschobenen Teile der Brigade und blieben nur noch zurück die 1. Kompagnie des 4. Jägerbataillons in der nordöstlichen Vorstadt und die halbe 2. Kompagnie des 14. Bataillons auf dem Markte.

Letztere Abteilung wies hier nachts 12½ Uhr die Spitze der vorerwähnten durch das Jesuitenkloster vorgegangenen preußischen Kolonne mit einer Salve ab und Hauptmann von Schimpff behauptete das sogenannte Turmthor, bis er auch von seiner einzigen Rückzugsstraße her Feuer erhielt. Es blieb nichts übrig, als mit seiner halben Kompagnie unter dem Schutze der Dunkelheit an diesem gefährlichsten Feinde vorbeizulaufen. Kurze Zeit nachher trat auch die 1. vom Hauptmann Vollborn befehligte Kompagnie des 4. Jägerbataillons den Rückzug an, kam dabei im westlichen Teile der Stadt an den Feind, mit dem es eine Salve wechselte, ihm noch längere Zeit gegenüber stehen blieb und dann unangefochten abzog.

Die Sachsen verloren bei Gitschin 27 Offiziere, 586 Mann und 58 Pferde. Von Offizieren blieben Oberst von Boxberg, Kommandant der 1. Infanterie-Brigade, Hauptmann Fickelscherer und Lieutenant von Tümpling, vom 1. Infanterie-Bataillon, die Hauptleute von Rex, Klette und Frhr. von Seckendorf-Gudent I., die Oberstlieutenants Hoch und Bamberger, Portepeejunker Schreiber vom 4. Infanterie-Bataillon und Rittmeister von Fabrice vom 3. Reiter-Regiment. Letzterer wurde bei einer durch das Gelände vereitelten Attacke an der Spitze seiner Schwadron erschossen.

Das war das Gefecht bei Gitschin und der Anteil der Sachsen an demselben. Auf der Höhe von Diletz, dessen Boden so viel Sachsenblut getrunken, steht noch heute ein Armeedenkmal, nämlich ein Obelisk von Sandstein, errichtet vom sächsischen Kriegsministerium für die dort im Gefechte gewesenen Söhne des Sachsenlandes.

Bei Königgrätz
am 3. Juli 1866.

> Das Sachsenbanner wahrte
> Prinz Alberts starke Faust
> Und Alle um sich scharte
> Er, wenn der Kampf erbraust;
> Selbst führte er zum heißen Tanz
> Sein Heer und stets zu Ruhm und Glanz!
>
> Max Dittrich.

In dem kriegerischen Ehrenkranze, welcher für alle Zeiten den Namen des Sachsenkönigs Albert umrankt, gebührt dem Tage von Königgrätz, an welchem der Donner der Kanonen den alten deutschen Bund zu Grabe läutete, ein volles Lorbeerreis, denn alle sächsischen Regimenter, welche ins Feuer kamen, zeichneten sich durch Zähigkeit, Tapferkeit und Gefechtsdisziplin musterhaft aus, und diese militärische Tüchtigkeit seiner Truppen war zum großen Teil mit das Werk des Kronprinzen Albert, welcher schon seit Jahren als kommandierender General an ihrer Spitze gestanden und zusammen mit dem damaligen sächsischen Kriegsminister von Rabenhorst unablässig an der Weiterausbildung derselben gearbeitet hatte. Gelang es den Sachsen unter ihrem Kronprinzen am 3. Juli 1866 auch nicht, den Sieg an ihre Fahnen zu fesseln, so erhielten sie doch durch ihr ausgezeichnetes von Freund und Feind gleich rückhaltlos anerkanntes Verhalten die alte sächsische Waffenehre stahlblank und sie haben nicht umsonst gestritten und gelitten, denn ihre Tapferkeit und Treue vornehmlich war es, welche den Sachsennamen hinübertrug durch die Stürme des Jahres 1866 in die neuanbrechende deutsche Geschichtsepoche, in welcher er unter Johann dem Weisen und Albert dem Streitbaren neuen Ruhm und neuen Glanz verliehen erhielt auf blutiger Wahlstatt im Felde, wie auf dem Gebiete der Friedensarbeiten aller Art.

Am 1. Juli beendete der österreichische Oberbefehlshaber Feldzeugmeister Benedek die Vereinigung seiner Armee. Königgrätz und die Elbe im Rücken, vor sich die Bistritz, hatte Benedek sein Heer in weitem Bogen von Nechanitz über Chlum bis Nedelist aufgestellt. Den äußeren linken Flügel bildeten die Sachsen, zunächst rechts von diesen stand das X. und hinter ihm das VIII. österreichische Korps. Am 2. Juli entstand wie auf Verabredung ein allgemeiner Ruhetag, nur die preußische Elbarmee rückte näher heran.

Am nächsten Tage, in früher Morgenstunde, entbrannte die Schlacht, in welcher 206 000 Mann Österreicher und Sachsen (18 248 Mann Infanterie, 2574 Mann Kavallerie, 1500 Mann Artillerie und 58 Geschütze) gegen 221 000 Preußen im Feuer standen. Die Österreicher hielten zwar im Zentrum fest, mußten aber den Überflügelungen weichen und als die preußischen Regimenter beide Flügel der österreichischen Stellung umfaßten und namentlich nach der Erstürmung von Chlum durch die preußische Garde, mußte unter erschwerten Umständen der Rückzug angetreten werden. In der allgemeinen Auflösung des österreichischen Heeres bewahrten nur die Truppen des sächsischen Korps ihre Haltung.

Die Sachsen sollten sich anfangs auf dem äußersten linken Flügel bei Tresowitz und Popowitz aufstellen. Kronprinz Albert hatte sich indessen tags vorher nach der noch in der Dunkelheit vorgenommenen Rekognoszierung davon überzeugt, daß die Stellung überaus ungünstig war, weshalb er nach Vernehmen mit dem Feldzeugmeister Benedek als Hauptstellung den beherrschenden Höhenzug Nieder=Prim Problus benutzte und an der Bistritz bei Nechanitz nur Vortruppen stehen ließ. Die österreichische Feldzugsbeschreibung sagt darüber: „Es ist als ein Glück zu betrachten, daß der Kronprinz von Sachsen wenigstens die Besetzung der Positionen Prim=Problus sich zu erwirken verstand, denn dies war die alleinige Ursache, daß die feindliche Elbarmee eine Stunde später auf der Höhe von Problus erschien, wodurch die Lage des kaiserlichen Heeres doch etwas minder kritisch sich gestaltete." Nicht gesagt wird aber, daß der schon vorher gemachte Vorschlag, die wichtige Höhe von Hrabek mit hineinzuziehen, seitens des öster=

reichischen Oberbefehlshabers abgelehnt wurde, was verhängnisvolle Folgen hatte. Die Kämpfe der Sachsen bei Königgrätz zerfallen in drei Abschnitte: Das Vorposten=Gefecht um Nechanitz=Lubno, die Verteidigung von Problus=Nieder=Prim und das Gefecht an der Waldecke von Bor zur Deckung des Rückzugs.

7½ Uhr morgens rückte die Avantgarde der preußischen Elb=armee gegen Nechanitz an, in dessen Kirche einer Soldatenlegende zufolge an jenem nebelfeuchten Morgen der Kronprinz von Sachsen seine Frühandacht verrichtet haben soll. Die Hauptverteidigung des Ortes fiel in erster Linie der 2. Kompagnie Baumgarten vom 8. Infanterie=Bataillon zu, welche diese Aufgabe zirka eine Stunde lang mit Zähigkeit und Tapferkeit löste, doch nicht ohne namhafte Verluste, da die Ortsumfassung am Bistritzufer der Kompagnie wenig Deckung für Verteidigung bot. Wesentlich unterstützt wurde sie dabei durch die reitende Batterie Zenker, welche vom Kirchhof bei Nechanitz aus die feindlichen Angriffskolonnen erfolg=reich beschoß. 8¾ Uhr wurde die Räumung von Nechanitz be=fohlen. Die Bistritz=Brücken waren schon vorher abgebrochen worden. Unterdessen war die sächsische Besatzung von Lubno unter die Waffen getreten und wurde der Ort nach Abbrechung der Bistritzbrücke durch die vom Hauptmann Puscher befehligte 3. Kompagnie des 9. Infanterie=Bataillons und ein Peloton der 4. Kompagnie unter Oberlieutenant Martini mit Umsicht und Tapfer=keit gegen den Feind verteidigt, wobei auch die Granat=Kanonen=Batterie von der Pforte in einer Stellung rechts des Dorfes sehr gute Dienste leistete und durch Granatkartätschenfeuer die An=näherung der preußischen Angriffskolonnen jenseits der Bistritz längere Zeit aufhielt. Nachdem Lubno in den Besitz des Gegners gekommen, ließ derselbe auf dem Höhenzuge des Ortes Geschütz auf Geschütz, zusammen 24 Stück, anfahren, deren heftiges Feuer, in Verbindung mit der bei Hrabek aufgestellten Batterie, für die sächsische Stellung Prim=Problus überaus lästig wurde und wesent=lich dazu beitrug, dieselbe zu erschüttern.

Nach dem Vorpostengefecht bei Nechanitz=Lubno setzten sich die Sachsen in Nieder=Prim und Problus auf der Höhe fest. Nieder=Prim, dessen Verteidigung dem Oberstlieutenant und Kommandeur des 12. Infanterie=Bataillons von Craushaar übertragen wurde, mußte verstärkt werden durch Verhaue und andere Befestigungsarbeiten, welche die österreichischen Genie=Offiziere Major Ghyczy und Hauptmann Born, sowie die sächsischen Ingenieur=Offiziere Portius und Vollert ausführen ließen und zwar unter heftigem Granatenhagel der auf der Höhe von Hrabek stehenden preußischen Artillerie. Dies geschah morgens 9 Uhr. Zu gleicher Zeit wurde auch das noch höher gelegene Problus befestigt, dessen Verteidigung dem Generalmajor von Carlowitz, Kommandeur der 3. Infanterie=Brigade, übertragen worden war. Die nächsten Stunden wurden vornehmlich durch ein lebhaftes Artilleriegefecht ausgefüllt.

Die Sachsen verteidigten ihre Hauptstellung Problus=Nieder=Prim mit Geschick und Thatkraft. Sie waren es, welche das Vordringen der Preußen tapfer aufhielten, dieselben mehrfach warfen und das Gefecht zum Stehen brachten. Nichts half es, daß General Herwarth von Bittenfeld, der Befehlshaber der Elbarmee, welcher wohl erkannte, daß Problus der Hauptstützpunkt der Sachsen sei und mit dessen Falle auch die formidablen österreichischen Geschützlinien verschwinden müßten, den Angriff seiner Truppen in Person begleitete, die Sachsen standen fest und gingen später sogar zum Angriff über.

In der 10. Stunde fuhren auf dem Höhenkamm Problus=Nieder=Prim mehrere sächsische Batterien auf, andere unterstützten die mit den Preußen ins Gefecht kommenden österreichischen Regimenter. Währenddem steigerte sich auch der Artilleriekampf im Zentrum der kämpfenden Heere zu ungemeiner Heftigkeit und Hunderte von Geschützen spien Tod und Verderben. In der vor Nieder=Prim liegenden Fasanerie nistete sich inzwischen der Feind ein und schritt von dort aus nach 11 Uhr auch zum Angriff, welcher aber an der wirksamen Verteidigung der Sachsen zerschellte. Daran knüpfte sich ein stehendes Feuergefecht. Gegen Mittag gab dann Sachsens Kronprinz Befehl zu einem Angriffsstoß von Problus über Nieder=Prim nach der Fasanerie zu dem Zwecke, die feindliche Umgehung bei Hrabek zu durchbrechen.

Die Granat=Kanonen=Batterie Hering=Göppingen und zwei österreichische Batterien nahmen die Fasanerie unter Feuer; die Leibbrigade, das 15. Infanterie=Bataillon, welches Major Hamann befehligte, an der Spitze, ging von Problus aus und unterstützt von

3*

Teilen der Besatzung von Nieder-Prim gegen die Infanterie vor, warf die Preußen heraus und machte 32 Gefangene vom 40. Infanterie-Regiment. Das sich im Walde von Ober-Prim entspinnende heftige Gefecht zwischen der österreichischen Brigade Schulz und den Preußen zwang vorläufig zum Innehalten des Angriffs sächsischerseits. $^3/_42$ Uhr ging die 2. sächsische Infanterie-Brigade zur Unterstützung des Angriffs vor, wurde aber durch die den Wald von Ober-Prim aufgelöst und retirierend verlassenden Österreicher, Regimenter Nobili und Gerstner, denen der Feind auf dem Fuße folgte, in eine höchst kritische Lage gebracht. Das Zurückgehen war unvermeidlich, wobei viele Offiziere fielen.

Die letzten sächsischen Abteilungen, welche zurückgingen, war die vom Hauptmann von Zeschau befehligte 2. Kompagnie des 16. Infanterie-Bataillons und deren Plänklerzug, geführt vom Oberlieutenant Freiherrn von Keller; die Kompagnie verlor bei ihrem tapferen, den Rückzug der Kameraden deckenden Ausharren etwa den vierten Teil an Toten und Verwundeten. Die Leibbrigade und die 2. Brigade sammelten auf dem Plateau vor dem Dorfe Problus; dort steht heute das Sachsendenkmal, von dessen Standort aus man einen umfassenden Rundblick hat auf das Schlachtfeld, wo die Sachsen mit der Elbarmee ins Gefecht kamen.

Währenddem waren das Schloß und die Wirtschaftsgebäude von Nieder-Prim in Brand geraten; gleichwohl wurde es ebenso wie die angrenzenden Dorfgebäude von den ursprünglich dort aufgestellten Abteilungen der dritten Brigade noch kurze Zeit besetzt, wodurch der Abzug der Leib- und 2. Brigade nach dem Problußer Plateau vor frontalem Nachdrängen des Gegners geschützt wurde. Im Dorfe Problus hatten die feindlichen Granaten auch schon gezündet. Dort hielten sich die Sachsen bis nachmittags $^1/_23$ Uhr. Um diese Zeit mußte der sächsische Kronprinz seinen Braven den Befehl zum Rückzug aus den bisher behaupteten Stellungen erteilen, da die Preußen immer mehr an Gelände gewannen und immer mehr Streitkräfte ins Gefecht führten.

Um genannte Zeit ging die Brigade Schwarzkoppen, fest geschlossen und in wahrhaft imponierender Haltung, aus dem Popowitzer Holze zum Sturm auf Problus vor, dessen Besatzung infolge Abfahrens der Batterien nach einer weiter zurückgelegenen Stellung, an der vom 1. Jägerbataillon als letztes Bollwerk der sächsischen Stellung besetzten und durch einen Verhau verstärkten Waldecke von Bor, auf ihre eigenen Kräfte angewiesen war. Ein wohlgezieltes Feuer prasselte den Preußen aus Problus entgegen, viele Offiziere fielen, die Fahne des einen Bataillons ging dreimal in andere Hände über, aber nichts vermochte die preußischen Kolonnen, welche auch von drei in Plänklerketten aufgelösten Kompagnien des 9. und 10. Infanterie=Bataillons beschossen wurden, im Sturme aufzuhalten. Die Preußen drangen schließlich in Problus ein, indem sie die Linie der Verteidiger des Dorfes in der Mitte durchbrachen. Die Sachsen mußten den Ort räumen und traten den Rückzug auf Rosnitz zu an. Ganz besonders zeichnete sich bei dieser Gelegenheit das 10. Bataillon aus, welches unter Gewehrgriffen und Einschlagen der Tamboure, festgeschlossen und geordnet, wie vom Exerzierplatze, abzog. Der Bataillonskommandant Major von Abendroth wurde hierbei zweimal verwundet.

Schwere Opfer hatte der Kampf um Problus von ihnen gefordert. Generalmajor von Carlowitz, Oberstlieutenant von der Mosel, Hauptmann von Rabke und Oberlieutenant Fiedler vom 3. Jäger=Bataillon waren tot, dagegen Hauptmann von Hausen II., Lieutenant von Treitschke, von Uckermann, Lauermann und Jäckel vom 3. Jägerbataillon, sowie Hauptmann von Wolf II. vom 9. Infanteriebataillon verwundet. Das 3. Jägerbataillon verlor etwa 120, das 9. Bataillon 60, davon 40 die 4. Kompagnie und das 10. gegen 30 Mann. Aber auch die tapferen Angreifer ließen viele vor Poblus liegen; die 4 Bataillone der Brigade Schwarzkoppen verloren an Toten 4 Offiziere und 67 Mann, an Verwundeten 17 Offiziere und 300 Mann.

Nach der Eroberung von Problus und Nieder=Prim, welche Orte von der österreichischen und sächsischen Artillerie alsbald unter Feuer genommen wurden, richtete sich der Angriff der feindlichen Geschütze und Infanterie gegen den Verhau des Waldes von Bor; ruhig feuernd hielten dort die Jäger vom 1. Bataillon mit der Brigade „Kronprinz" stand, als plötzlich die preußischen Kolonnen, links vom 1. Jägerbataillon in den Wald eindringend, nun auch von der Flanke her die 1. und 2. Kompagnie mit Kugeln überschütteten. Hauptmann von Ende und die Oberlieutenants von

Egidy und von Hake blieben tot, Hauptmann von Petrikowski wurde verwundet. Die 3. und 4. Kompagnie, schnell zur Aufnahme vorrückend, wurde nun ihrerseits vom heftigsten Feuer überschüttet und das Bataillon, welches in dem Walde von Bor außer vorgenannten Offizieren 54 Mann verlor, trat, rasch sich sammelnd, den Rückzug in musterhafter Ordnung an.

Von wirksamstem Erfolg für die Deckung des Rückzugs gegen das Nachdrängen und Überflügeln des Feindes war das Eingreifen der Granat-Kanonen-Batterien Lengnik und Hering-Göppingen, sowie der 2. reitenden Batterie Hoch, welche in Gemeinschaft mit einer österreichischen Batterie den Strom der Flüchtlinge durchbrechend und abwehrend, sich unter vielfachen Anstrengungen nach Stellungen südwestlich Briza durcharbeiteten und von dort gegen die Ränder und Blößen der Forsten zwischen Ober-Prim und Bor ein wohlgezieltes Granatkartätschenfeuer unterhielten, so daß sich der Feind wohl hütete, das Gehölz zu verlassen, vielmehr im Innern desselben zurückblieb. Den abziehenden Österreichern und Sachsen wurde hierdurch ein Vorsprung von einer halben Stunde verschafft. Von den gezogenen Batterien gelangte nur die Batterie Heydenreich zur Unterstützung bei Deckung des Rückzugs, indem sie aus der Stellung bei Stresotitz noch Problus beschoß und auf preußische Reservereiterei, welche in mehreren Kolonnen von Propowitz aus nördlich auf Stresotitz vorbeiging, ein Feuer gab, von dem Schuß auf Schuß traf. Auch die oben erwähnte Granat-Kanonen-Batterie Hering-Göppingen richtete große Verherungen unter den Preußen an, ein Umstand, welcher die Ursache davon wurde, daß nach der Rückkehr in die Heimat die dort gestellten Fragen nach dem Verbleib der Gefallenen mit der Äußerung beantwortet wurden: „Die hat der sächsische Hering gefressen!"

Das 1. und 4. sächsische Jägerbataillon war die letzte Truppe der Sachsen, welche das Schlachtfeld verließ und bildete den Schluß der 1. Infanterie-Brigade „Kronprinz", welche die Aufgabe als Nachhut zugeteilt erhalten, als solche den Wald von Briza verteidigt und dabei mehrere Offiziere, sowie gegen 150 Mann verloren hatte. Die ganze weite Fläche, durch welche die sächsischen Jäger marschierten, war von fliehenden Truppen und Fuhrwerk aller Art bedeckt, so daß es schwer war, die Ordnung zu bewahren.

Unterwegs bei den Freihöfe genannten einzelnen Gebäuden hielt Sachsens Kronprinz unerschrocken im Kugelregen und die Jäger vom 1. Bataillon begrüßten den geliebten Führer mit „Hurra!" Kronprinz Albert erwiderte: „Das verdient Ihr auch, Ihr braven Kerls, daß ich bei und unter Euch bleibe!" und erteilte hierauf dem Bataillons=Kommandeur, Oberstlieutenant Nehrhoff von Holderberg den Befehl, ihn mit dem Bataillon zu begleiten. Diesen ehrenvollen Auftrag, dem Kronprinzen gewissermaßen als Leibwache zu dienen, hat das Bataillon bis zur Ankunft in Pardubitz getreulich erfüllt. Mann an Mann, dicht aneinander und um den Kronprinzen gedrängt, der unausgesetzt Ordnung in die zurückfliehenden Truppen zu bringen suchte, wand sich das Bataillon durch das Chaos der Flüchtlinge: österreichische Kavallerie und Infanterie, letztere häufig die Gewehre abschießend. Dazu versperrten zahllose Wagen die Passage, sodaß die Offiziere fürchteten, das Bataillon werde auseinander kommen, aber der Ruf: „Jäger, haltet zusammen, wir müssen dem Kronprinzen folgen!" wurde nie wirkungslos gegeben. Nachts 1 Uhr kam das Bataillon festgeschlossen, den Kronprinzen in seiner Mitte, in Pardubitz an.

Die Sachsen zogen in zwei Parallelkolonnen vom Schlachtfelde ab; der Rückzug begann $^3/_4$3 Uhr. Kronprinz Albert gab Befehl, von Zeit zu Zeit zu halten und wieder aufzuschließen, um dem Rückzug das Gepräge der Übereilung zu nehmen. Die Reiterei durfte sich nur im Schritt bewegen, nicht minder die Artillerie, so lange sie noch im Bereiche des feindlichen Feuers waren.

Der Rückzug des geschlagenen Heeres ging über die Elbe. Bei Pardubitz verlief der Übergang ziemlich gut, verhängnisvoller dagegen an den nördlichen Übergangspunkten. Die Hauptmasse wälzte sich auf die Festung Königgrätz zu, deren Thore der Kommandant General von Weigl hatte schließen lassen, auch war die Stauung der Gräben, Vorgräben und Inundation in vollem Gange. In ein Labyrinth von Wasserzügen und Ansumpfungen eingekeilt, konnten nunmehr die der Örtlichkeit unkundigen Truppen weder vor=, noch seitwärts. An Umkehr war wegen des Nachdrängens nicht zu denken. Fuhrwerke stürzten ins Wasser, darunter ein solches mit sächsischen Blessierten, mehrere Reiter überschlugen sich in die Gräben. Viele kletterten über die Pallisaden und Außenwerke und durchschritten die Gräben und die Elbe; eine Anzahl ertrank. Die Verwirrung stieg aufs höchste, als die vordersten an die Gräben der Festung gedrückten Massen der Österreicher anfingen, ihre Gewehre abzuschießen, wodurch eine Anzahl Soldaten verwundet wurde und die Meinung Platz griff, der Feind stehe auf dem jenseitigen Elbufer und greife die Festung an, sei vielleicht im Besitz derselben. Die Sachsen konnten in diesem Wirrwarr natürlich die taktische Ordnung auch nicht aufrecht erhalten. Als aber nachts 11 Uhr die Thore der Festung endlich zum Durchgang geöffnet wurden, sammelten sie sich rasch wieder zu taktischen Körpern und Kolonnen.

Das war die folgenschwere Schlacht bei Königgrätz. Das Sachsenheer verlor in derselben 59 Offiziere und 1489 Mann, davon blieben oder starben an ihren Wunden bis November 1866 nicht weniger als 24 Offiziere und 1002 Mann; an Material ging auf sächsischer Seite verloren 1 Geschütz und zwar eins der gezogenen, welche König Wilhelm dem König Johann geschenkt hatte — es prangt mit an der Siegessäule in Berlin — sowie 53 Fuhrwerke. Die Österreicher verloren 1313 Offiziere, 330 tot, und 41499 Mann, 737 tot und 6010 Pferde, 187 Geschütze, 641 Fuhrwerke und 21 Brückenwagen; der Verlust der Preußen endlich belief sich auf 360 Offiziere, 100 tot, 8812 Mann, 1835 tot und 939 Pferde. Die Schlacht bei Königgrätz bildete die schmerzensvolle Einleitung mit Blut und Eisen zur Neugestaltung Deutschlands, zur Wiedergeburt der deutschen Nation und ließ zugleich den Kriegsruhm des Kronprinzen Albert von Sachsen weithin erstrahlen in alle Lande.

Nach Schluß des Friedens zwischen Preußen und Sachsen richtete Kronprinz Albert an seine Soldaten, von denen der Erzherzog Albrecht von Österreich in einem die Tapferkeit und Manneszucht der Sachsen hochanerkennenden Armeebefehl Abschied nahm, unter dem 25. Oktober den nachstehenden Tagesbefehl:

Soldaten!

Der Friede ist geschlossen, die Rückkehr nach Sachsen beginnt und bei Auflösung unseres dermaligen Verbandes sage ich Euch allen ein herzliches Lebewohl. Die Kommandoführung über das

Das Sachsen-Denkmal und die Kirche von Problus.

brave sächsische Armeekorps bleibt meine größte Freude, mein gerechtester Stolz.

Auf dem Schlachtfelde, in den Mühsalen des Krieges, während der Monate sorgenvoller Erwartung habt Ihr Treue, Mut und Ausdauer bewährt, jegliche soldatische Tugend rein erhalten, den Ruf des sächsischen Namens erhöht. Ehre und bleibendes Andenken unseren braven gebliebenen Kameraden. Euch allen meinen aufrichtigsten Dank. Möge Eure Heimkehr, die Ihr dem Rufe Eures Königs folgend, Weib und Kind, den häuslichen Herd, das Vaterland verlassen, eine freudige, gesegnete sein. Neue Pflichten erwarten uns in neuen Verhältnissen. Der vergangene Feldzug ist mir Bürgschaft, Ihr werdet sie erfüllen mit Treue und Gehorsam in dem Willen Seiner Majestät des Königs, zum Wohle unseres vielgeliebten Vaterlandes.

Albert,
Kronprinz von Sachsen.

Bei St. Privat la Montagne
am 18. August 1870.

Da kommt geschickt zum Grimmen der alte sächsische Zorn,
Des Kampfes Eisenstimmen, sie schmettern: Albertus vorn!
So fährt mit den Sachsenwehren Herzog Albertus einher,
Da neigen die alten Ehren auf ihn sich voll und schwer!
George Hesekiel.

Wer das große, für die deutschen Waffen so ruhmvolle Jahr 1870/71 mit erlebt, der weiß auch, mit welcher Spannung daheim in Sachsen der ersten Kunde von dem XII. Armeekorps entgegengesehen wurde, welches, geführt vom Kronprinzen Albert, der II. deutschen Armee unter Prinz Friedrich Karl von Preußen zugeteilt worden war. Schon hatten die Bayern und Schlesier bei Weißenburg und Wörth ihre Feldzeichen mit frischem Lorbeer bekränzt, schon waren die Rheinländer, Hannoveraner und Brandenburger als Sieger aus der blutigen Schlacht bei Spichern hervorgegangen, die Sachsen aber hatten noch nicht Gelegenheit erhalten, sich mit dem Feinde zu messen, sondern waren bislang nur vorwärts, immer vorwärts marschiert. Da kam es Mitte August zu den heißen Kämpfen bei Metz. Drei Tage lang rangen die deutschen Regimenter mit den Franzosen, welche durch die blutigen Kämpfe bei Mars la Tour am 16. August am Abmarsch nach Verdun gehindert und zum Stehen gezwungen worden waren, um die Palme des Sieges, dann erst war der blutige Strauß zu Ende und der Feind abermals geschlagen. Hier kamen auch die Sachsen zum erstenmal ins Feuer und entschieden im Vereine mit der preußischen Garde die Schlacht durch Erstürmung des gleich einer natürlichen Burg auf dominierender Höhe gelegenen, fast überall von Mauern umgebenen Dorfes St. Privat-la-Montagne. Es war dies eine glorreiche Waffenthat, welche in den Annalen des königl. sächs. Armeekorps unvergessen sein und bleiben wird bis in die fernste Zeit: jener heiße Tag, da Sachsens jetziger König das Rautenkranzbanner den deutschen Sturmkolonnen vorantragen ließ im wilden erbitterten Kampf.

Die ungeheure Schlacht wurde geschlagen unter dem Oberbefehle Königs Wilhelm, welcher früh 6 Uhr schon auf der Höhe südlich Flavigny eintraf, von wo aus die Bewegungen der deutschen Armee einheitlich geregelt wurden. Der Oberfeldherr hatte einen allgemeinen Angriff der I. und II. Armee, welche erstere ihr Vorrücken über die Mosel aufs äußerste beschleunigt hatte, in nördlicher Richtung angeordnet. Marschall Bazaine nahm den Entscheidungskampf in einer vorzüglichen, durch künstliche Anlagen erheblich verstärkten und von ihm für uneinnehmbar gehaltenen Stellung an.

- Die Franzosen standen seit 17. August auf einem freien und breiten Höhenrücken, dessen Westabhang fast überall sanft abfällt und die größte Ausnutzung des weittragenden Chassepot-Gewehres zuließ. Zur Verteidigung dieser in der Luftlinie nur 1½ Meile langen starken Stellung, welche etwa 200 000 Deutsche angriffen, verfügte der Marschall über eine Truppenmacht von 125—150 000 Mann. Auf dem äußersten rechten Flügel in dem Raume zwischen Roncourt und St. Privat stand das VI. Armeekorps 40 Bataillone mit 36 Geschützen unter Canrobert, neben demselben bei Amanvillers das IV. Korps 39 Bataillonen, 16 Eskadrons und 90 Geschütze unter de Ladmirault, das III. Korps — 52 Bataillone, 28 Eskadrons und 120 Geschütze unter Leboeuf hielt die Linie La Folie-Leipsic-Moscou besetzt. Den linken Flügel von Point du Jour bis Rozerieulles bildete das II. Korps 39 Bataillone, 16 Eskadrons und 90 Geschütze unter Frossard, welches die ihm zugeteilte Brigade Lapasset des V. Korps zur Sicherung der Flanke gegen St. Ruffin hinausschob. Hinter dem rechten Flügel östlich von St. Privat waren die Kavallerie-Regimenter des Generals du Barail 16 Eskadrons und 12 Geschütze, hinter dem linken bei Longeau die Kavallerie-Division Forton 16 Eskadrons und 12 Geschütze aufgestellt. Als allgemeine Reserven standen die Garden 24 Bataillone, 24 Eskadrons und 72 Geschütze unter Bourbaki und die Artillerie-Reserve 96 Geschütze bei den Forts St. Quentin und Plappeville.

Von deutschen Truppen befanden sich am 17. August abends das VII. Korps bei Ars, das VIII. bei Gorze, das IX. bei Flavigny, das III. bei Vionville, das X. bei Tronville, das XII. bei Puxieur und Mars la Tour, das Gardekorps mit seiner Kavallerie-Division bei Hannonville, die 1. Kavallerie-Division bei Corny, die 6. bei Flavigny, die 5. bei Tronville, die 12. bei St. Jean bis Buzy. Auf dem rechten Moselufer standen vor Metz das I. Korps und die 3. Kavallerie-Division. Während die auf dem linken Moselufer befindlichen Korps der I. Armee sich vorläufig abwartend verhielten, trat die II. Armee am 18. August morgens ihre Vorwärtsbewegung an. Den linken Flügel hatte das XII. Korps — 27 188 Mann, 3541 Pferde und 96 Geschütze unter Kronprinz Albert von Sachsen, dann folgten staffelweise: Das Gardekorps 28 160 Mann, 3181 Pferde und 90 Geschütze unter Prinz August von Württemberg und das IX. Korps = 21 827 Mann, 1809 Pferde und 90 Geschütze unter von Manstein. Das III. = 16 113 Mann, 1174 Pferde und 84 Geschütze unter von Alvensleben, das II. und X. Korps = 18 551 Mann, 1128 Pferde und 84 Geschütze unter von Voigts Rheetz, sowie die Kavallerie-Division 5 4210 Pferde und 12 Geschütze unter von Rheinbaben und 6 2570 Pferde und 6 Geschütze unter Herzog Wilhelm von Mecklenburg bildeten die Reserven.

Die Straße nach Etain war das erste Ziel. Erst wenn diese von den drei Korps der vorderen Linien erreicht sein würde, gedachte Prinz Friedrich Karl weitere Befehle zu geben. Die Korps trafen an der Straße ein, ohne noch Fühlung mit dem Feinde zu haben. Meldungen der vorausgesandten Kavallerie stellten es nach 11 Uhr außer Zweifel, daß der Feind mit seiner Hauptmasse vor Metz stehe. Befehle aus dem großen Hauptquartier ordneten an, daß die II. Armee weiter vorgehen, die I. Armee aber die starke Front des feindlichen linken Flügels vorerst nur in hinhaltender Weise beschäftigen solle. In der Mittagsstunde ordnete Prinz Friedrich Karl den Vormarsch des IX. Korps auf Amanvillers, der Garde auf Hannonville und des XII. Korps auf Ste. Marie aux Chênes an. In zweiter Linie sollte das X. Korps gegen St. Ail, das III. gegen Vernéville folgen. Das im Anmarsch Pont à Mousson befindliche II. Korps = 24 524 Mann,

1218 Pferde und 84 Geschütze unter von Fransecky wurde als Reserve des rechten Flügels nach Rezonville dirigiert. Gegen 12 Uhr donnerten die ersten Kanonenschüsse von Vernéville herüber. Das IX. Korps hatte den Kampf begonnen und man hatte den Feind an der Klinge. Der Kampf begann zuerst also im Zentrum der Schlachtlinien und zwar zwischen Truppen des französischen Korps Ladmirault und des genannten deutschen Korps.

Dasselbe bestand aus der 18. und 25. Division, Schleswig-Holsteiner und Hessen, jene unter Generallieutenant von Wrangel, diese unter Generallieutenant Prinz Ludwig von Hessen. Die Division Wrangel drang rechts gegen das Gehöft Chantrenne vor und besetzte es, die hessische Division wandte sich nach dem Bois de la Cusse, die Korpsartillerie fuhr in der Mitte zwischen beiden auf und beschoß die Aufstellung des Korps Ladmirault, die sich von Montigny la Grange bis Amanvillers ausdehnte, der Feind erwiderte das Feuer nicht bloß von Amanvillers aus, sondern anfänglich auch von St. Privat. Infolgedessen hatte die Artillerie des IX. Korps zahlreiche und schwere Verluste zu erleiden. Es verloren die 2. reitende Batterie 2 Offiziere, 36 Mann, 102 Pferde, die 2. schwere Batterie 1 Offizier, 23 Mann, 70 Pferde und die 4. schwere Batterie 3 Offiziere und 45 Mann.

Die hessische Division nahm das Gehöft Champenois, drang, unterstützt von der Gardeartillerie und von einer Gardeinfanterie-Brigade, gegen Amanvillers vor und bemächtigte sich des dortigen Bahnhofes, sowie der westlich davon gelegenen Anhöhe. Weiter vorzudringen war nicht möglich. Auch die Division Wrangel von den Gehöften Leipsic und La Folie, wo das französische Korps Leboeuf stand, aufs heftigste beschossen, konnte keine weiteren Fortschritte machen und mußte sich damit begnügen, ihre Stellung bei Chantrenne festzuhalten. General Ladmirault hielt noch lange stand und zog sich erst, nachdem die Schlacht auf dem französischen linken Flügel entschieden war, aus dem in Brand geschossenen Dorfe Amanvillers unter die Kanonen des Forts Plappeville zurück. Nur das Vorwerk Montigny blieb von einem Bataillon besetzt. Das ganze Lager der Franzosen wurde eine Beute der Sieger.

Ein nicht minder schwerer Kampf wogte auf dem rechten Flügel der Deutschen. Dort fochten das VII. und VIII. Korps.

Letzteres hatte wegen der Geländeverhältnisse die schwierigste Aufgabe. Eine eingehende Schilderung aller dieser blutigen und verlustreichen Kämpfe, in denen sich die Westfalen und Rheinländer, zum Kehraus aber auch noch die Pommern mit Ruhm bedeckten, ist hier leider nicht möglich. Die Entscheidung des Tages fiel aber weder im Zentrum noch auf dem rechten Flügel, sondern auf dem linken Flügel der Deutschen, wo die preußische Garde unter dem Prinzen von Württemberg und die sächsischen Truppen unter ihrem Kronprinzen Albert den Sieg an die deutschen Fahnen fesselten, durch ihr todesmutiges heldenhaftes Draufgehen.

Der letzte, dem XII. Armeekorps am 18. August 1870 zugegangene Befehl des Oberkommandos forderte dieses nur zum Vorrücken auf St. Privat auf, gegen welchen Ort auch das Gardekorps im Anmarsch begriffen war. Das war gegen Mittag und nachdem der Kampf auf dem rechten Flügel der Deutschen schon längst im vollen Gange war. Deutscherseits wußte man damals noch nicht, daß der rechte Flügel der französischen Aufstellung sich bis nach St. Privat und Roncourt ausdehnte. Das sächsische Korps erhielt auf dem Marsche durch ausgesandte Kavallerie-Erkundigungs-Patrullen die Meldung von der großen Ausdehnung des rechten französischen Flügels, insonderheit waren die Beobachtungen wichtig, welche in dieser Beziehung der gegenwärtige sächsische Kriegsminister, Generalleutnant von der Planitz, damals Hauptmann im sächsischen Generalstabe, gemacht hatte. Er war mit einer Patrulle des damaligen 1. Reiterregiments bis an das zu der Zeit noch unbesetzte Dorf Ste. Marie aux Chênes vorgegangen und hatte die französischen Stellungen genau beobachtet. Seiner Ansicht nach war der Höhenrücken von St. Privat bis Roncourt stark besetzt, ein Frontangriff auf diese feste Stellung sehr schwierig und mußte bei dem Mangel jeder Deckung große Opfer verursachen. Infolge dieser Meldungen beschloß Kronprinz Albert, auf Roncourt vorzurücken und den feindlichen rechten Flügel zu umfassen. Gegen 2 Uhr ergingen seinerseits die nötigen Befehle.

Um jedoch einen Stützpunkt für die beabsichtigte Umgehung des französischen rechten Flügels zu gewinnen, ließ er, während die 1. sächsische Division sich nach Roncourt zu in Bewegung setzte,

die 2. Division unter Generallieutenant Nehrhoff von Holderberg auf
Ste. Marie aux Chênes vorgehen, gegen welchen Ort auch bereits Teile
des Gardekorps im Anmarsch begriffen waren. Um 3 Uhr fuhren
die Batterien genannter sächsischer Division gegen das Dorf auf
und richteten ihr Feuer teils auf den Ort selbst, teils auf die
feindlichen, vor St. Privat und Roncourt auf freiem Felde stehenden
Truppenmassen des Feindes. Dazwischen rückten die deutschen
Linien immer näher heran an Ste. Marie aux Chênes; dieselben
bestanden aus der 3. sächsischen Infanterie-Brigade, dem 1. sächsischen
Jägerbataillon Nr. 12, dem 3. Bataillon des sächsischen Schützen=
regiments Nr. 108, dem preußischen Gardefüsilierregiment, dem 4.
Garderegiment und dem Gardejägerbataillon. Je näher die An=
greifenden sich dem Dorfe näherten, um so lebhafter wurde das
Feuer der Besatzung.

Am flachen Hange gelegen, traten die einzelnen Gebäude=
Komplexe des Dorfes, nach Osten zu sich gegenseitig überhöhend,
heraus. Meist aus massiven Häusern, die mit Ziegeln gedeckt
und mit Mauern umgeben waren, bestehend, bildeten diese Gruppen
in ihrem Zusammenhange sehr feste, zur Verteidigung außerordentlich
geeignete Stützpunkte. Nach Süd und Südwest auf dem unbe=
bauten, keine Deckung bietenden, sanft ansteigenden Gelände, das
allein zu dem Dorfe die Annäherung bildete, konnte der Ver=
teidiger — 94. französisches Linien=Regiment — auf die aus=
giebigste Wirkung seiner Gewehre rechnen und den Ansturm wesent=
lich erschweren. Die große Hitze der letzten Tage, lange Märsche
bei unvollständiger Nachtruhe in Verbindung mit unzureichender
Verpflegung — ein Abkochen war auch am 18. August nicht mehr
möglich gewesen — hatten die physischen Kräfte der Truppen nicht
wenig beeinträchtigt. Die Kampfeslust indes, welche sie beseelte,
der Wunsch, dem Feinde nahe zu kommen, um sich Auge in Auge
mit ihm messen zu können, ließen alle körperliche Ermattung nicht
achten und nur einzelne erlagen der Erschöpfung. Mit Trommel=
schlag, die Kompagnie= und Zugführer ihren Leuten voran, in
guter Richtung und Ordnung, ohne einen Schuß zu thun, gingen
die Angreifer vor, mit jedem Schritt ihren Weg blutig durch
Fallende bezeichnend.

Jetzt ruft das Kommando die Deutschen zum Sturm. Ohne

einen Schuß zu thun, stürzten die Regimenter mit schlagenden Tambours im Laufschritt und mit weithin schallendem Hurraruse dem gemeinsamen Ziele entgegen. Die durch das vorausgegangene Geschützfeuer bereits erschütterte Verteidigung vermochte dem ungestümen Andrange nicht stand zu halten und ohne wesentlichen Widerstand zu finden, ging der Angriffsstoß durch den Ort hindurch bis an die jenseitige Umfassung desselben. 3½ Uhr war das Dorf im Besitze der Deutschen. Die Verluste derselben waren nicht sehr bedeutend, nur die preußischen Gardefüsiliere verloren viele der Ihrigen durch heftiges Flankenfeuer. Die Sachsen besetzten teils das eroberte Dorf, teils setzten sie den Vorstoß in nordöstlicher Richtung auf Roncourt zu fort.

Dabei kam es zu einem längeren hinhaltenden Feuergefecht, in welchem mehrere hohe Offiziere verwundet wurden, so erhielt der Generalmajor und Kommandeur der 3. sächsischen Infanterie-Brigade, von Leonhardi, einen Schuß ins rechte Ellenbogengelenk, ferner wurden verwundet Major Zillich vom 3. Bataillon des Regiments Nr. 104, sowie der später seiner Verwundung erliegende Fahnenträger Sergeant Böhm vom 2. Bataillon, dessen Heldentod noch heute ein goldener, von König Johann verliehener Fahnenring an dem von Genanntem getragenen Feldzeichen durch seine Inschrift meldet. Ferner wurde durch Granatsplitter schwer am Kopfe verwundet Major Günther vom 3. Bataillon des Regiments Nr. 105. Letzteres erlitt hier schwere Verluste und vermochte sich nur mit Mühe in dem Höllenfeuer zu halten. Da ging Major Allmer mit drei Kompagnien vom 3. Bataillon des Schützenregiments Nr. 108 vor und trieb den Feind zurück, fiel aber dabei tödlich verwundet. Hauptmann von Lossow führte hierauf das decimierte Bataillon in das nahe gelegene Gehölz.

Mittlerweile griff auch die sächsische Artillerie in das Gefecht ein; um diese Zeit — gegen 4 Uhr — wurden Major Hoch und Hauptmann Hammer von der 5. schweren Batterie, letzterer schwer verwundet. Schließlich stand die ganze verfügbare Artillerie des sächsischen Armeekorps auf speziellen Befehl des Kronprinzen Albert an der von Ste. Marie aux Chênes nach Auboué führenden Straße und feuerte über die marschierenden sächsischen Kolonnen hinweg nach Roncourt auf die feindlichen Truppen vor St. Privat.

Der Kronprinz von Sachsen selbst hielt Ste. Marie gegenüber neben den Batterien und beobachtete von dieser Höhe aus den Kampf. Er sah die bei und vorwärts St. Privat befindlichen starken feindlichen Massen und die Stärke dieser festungsähnlichen Stellung nun mit eigenen Augen und beobachtete ferner noch weiter links bei Roncourt, eine lange feindliche Geschützlinie, dicke Kolonnen und vorbrechende Schützenschwärme. Auch von St. Privat aus ging feindliche Infanterie vor. Kronprinz Albert beschränkte sich deshalb in der Front auf eine starke Besetzung des eroberten Dorfes, ließ die darüber hinausgehende Verfolgung einstellen, 11 Batterien bis an Ste. Marie vorrücken, dagegen die Umgehungskolonne des Prinzen Georg durch die 48. Brigade und die verfügbare Kavallerie verstärken und weiter ausholen. Dadurch gelang es, die feindliche Flanke wirklich zu fassen.

Vor Ablauf der 5. Stunde trat auf der ganzen Front der II. Armee eine Kampfpause ein, nur die Artillerie unterhielt ein mäßiges Feuer, und die Sachsen setzten ihre Bewegung auf Roncourt fort. Als dieselben etwa gegen 6 Uhr die Umgehung vollendet hatten und die 48. Brigade zusammen mit dem 1. Reiterregiment und 3 Batterien unter Generalmajor von Schulz, die durchs Ornethal bis Montois marschiert waren, von dort aus auf Roncourt vorgingen, setzte auch Prinz Georg die bis dahin am Rand des Holzes bei Auboué angehaltenen Grenadiere und Schützen gegen Roncourt wieder in Bewegung, während die 2. und 3. Brigade im Gehölz von Auboué in Bereitschaft standen. Die Mehrzahl der sächsischen Batterien hatten Roncourt schon länger zum Ziel genommen und der Feind verließ es nun vor dem Herankommen der Infanterie. Kronprinz Albert, welcher sich noch auf der Höhe über Ste. Marie befand, sah, daß von Roncourt alles auf St. Privat zurückströmte und ritt nun selbst nach dem linken Flügel, um ihn dahin vorzuführen, wo Hilfe dringend wünschenswert war. Just um diese Zeit sprengte über das Feld auf die sächsischen Linien im gestreckten Galopp ein roter Husar zu. Es war dies der Lieutenant Esbeck vom Gardehusarenregiment, ein Ordonnanzoffizier der 1. Gardedivision. Er rief die Sachsen zur Unterstützung der preußischen Garden und bat in deren Namen um schleuniges Vorgehen auf St. Privat.

Bei dem Gardekorps war nämlich die Gefechtslage eine kritische geworden. Der Kommandeur desselben, Prinz August von Württemberg hatte geglaubt, bei der bereits vorgeschrittenen Tageszeit die Entscheidung nicht länger verschieben zu dürfen und deshalb mit Genehmigung des Oberbefehlshabers der II deutschen Armee um 5 Uhr den Befehl zum Sturm auf St. Privat gegeben. Unter persönlicher Führung ihres Divisionskommandeurs, Generals von Pape, schritten 5¼ Uhr die Regimenter Franz und Augusta, wenig später das 1. und 3. Regiment zum Angriffe. Mit glänzender Tapferkeit erstiegen die Bataillone der erstgenannten beiden Regimenter den kahlen, von einem Kugelregen förmlich überströmten Bergabhang südlich des Ortes. Die Opfer dieses Kampfes waren aber derartige, daß bald nur noch Trümmer dieser schönen Regimenter die eroberten Plätze behaupteten. Das Massenfeuer des Feindes zerriß förmlich die Kompagnien, nur ein einziger Stabsoffizier der Brigade blieb unverfehrt, das Regiment Franz verlor fast alle seine Offiziere. Auch bei der 1. Gardedivision gestalteten sich die Verhältnisse für den Angriff im höchsten Grade ungünstig. Überall zeigte sich ein freier, allmählich ansteigender Hang; auf der beherrschenden Höhe aber lag das stadtähnliche St. Privat, dessen steinerne Häuser bis auf die Dachböden besetzt waren.

Die nurerwähnte Stellung war von solcher Stärke, daß sie als nahezu unangreifbar gelten konnte. Unter enormen Verlusten kam auch auf der Westseite der Angriff auf 600—800 Schritt zum Stehen, das in vordere Linie gezogene 2. Garderegiment gelangte nur mit stark gelichteten Reihen in dieselbe. Der kommandierende General übersah von Ste. Marie aux Chênes aus die Größe der erlittenen Verluste. Er konnte, die Uhr in der Hand, genau bis auf die Minute berechnen, bis zu welcher Zeit von all' den vorgeschickten Bataillonen kein einziger Mann mehr aufrecht stehen werde. Beharrte er bei seinem Angriff auf St. Privat, so war das Feld vor St. Privat das Grab der Garde. Er gab daher Befehl, den Sturm zu unterbrechen und das Eingreifen der Sachsen abzuwarten.

Der erste kühne Anlauf der preußischen Infanterie gegen St. Privat hatte nicht zur Entscheidung geführt, die Angriffskraft war für jetzt erschöpft und tausende von Toten und Verwundeten bedeckten den blutgetränkten Boden. Aber weder dies, noch der Verlust so vieler höherer Führer vermochte den inneren Halt der Truppen zu lösen. Mit den wenigen noch unversehrten Offizieren an der Spitze hatten sich die gelichteten Reihen fest an den Hang geklammert, mit eiserner Ausdauer und Zähigkeit behaupteten sie die teuer erkauften Plätze. Der Stillstand, wozu die drei Gardebrigaden verurteilt waren, war höchst peinlich. Er dauerte über eine Stunde. Die Garden standen fest wie die Mauern im freien Felde, dem feindlichen Kugelregen ausgesetzt, während ihre Plänkler sich dem Dorfe auf 400 Schritt näherten. Alles schaute aber erwartungsvoll nach Norden, wo die Sachsen erscheinen sollten. Um diese Zeit etwa sprengte der obenerwähnte preußische Ordonnanzoffizier vom Gardehusarenregiment über das Schlachtfeld, um das ehebaldige Eingreifen der Truppen des XII. Armeekorps zu erbitten.

Dies wurde ihm sowohl vom Generalmajor von Craushaar, Kommandeur der sächsischen Grenadierbrigade, wie vom Oberstlieutenant von Schweinitz, Führer des Regiments Nr. 107, sofort bereitwilligst zugesagt und alsbald setzten sich die sächsischen Kolonnen in Marsch auf St. Privat, bei welcher Gelegenheit durch die sich kreuzenden Linien das Leibgrenadierregiment in zwei Hälften getrennt wurde. Nachdem das 3. Bataillon des Regiments Nr. 107 unter Major von Bosse die letzten Plänkler aus dem bereits vom Feinde geräumten Dorfe Roncourt verjagt und das Regiment 106 am Saume des Waldes von Jaumont, bei dessen Wegnahme Major von der Decken, Oberst von Abendroth und viele andere Offiziere verwundet wurden, ein heftiges Gefecht zu bestehen hatte, rückte die Grenadierbrigade und das Regiment 107 auf St. Privat los. Letzteres näherte sich dem Dorfe bis auf tausend Schritt, bevor seine Mannschaften dem Feinde völlig in Sicht kamen. Ein mörderischer Kugelregen begrüßte sie.

Ohne daß irgend jemand zu sehen war, der Gewehre abschoß, befand sich das ganze große freie Gelände in einem Kugelregen und hüllte den ganzen Umkreis wie mit einem Bleimantel ein. Solch dichtes Aufeinanderplatzen von Kugeln, solche Überstreuung eines großen Feldes mit Geschossen ohne irgendwelche Pause, ohne auch nur auf Minuten nachzulassen, war noch nicht dagewesen. Nicht selten traf einen Verwundeten noch im Niederstürzen eine zweite und dritte Kugel. Es fielen hier vom Regiment 107 unter vielen andern sein Kommandeur, Oberstlieutenant von Schweinitz, an der Spitze des 1. Bataillons tödlich getroffen, sowie die Majors Thierbach und von Cerrini di Monte Varchi verwundet. Das Regiment setzte sich, ohne einen Schuß zu thun, in den Besitz der nächsten Feldmauer, wo es sich festsetzte. Einen Augenblick schwankten wohl die starkgelichteten Reihen der Braven in dem Höllenfeuer; der Zuruf der Offiziere aber bewirkte, daß sie dann mit Ungestüm zum Bajonettangriff übergingen und den bis zum letzten Augenblick tapfer Stand haltenden Feind zum Räumen gedachter Feldmauer zwangen.

Auch die sächsische Grenadierbrigade gewann in energischem, nur stellenweise durch kurzes Schnellfeuer unterbrochenem Anlaufe deckende Mauerabschnitte, jedoch nicht, ohne gleichfalls heftige Verluste zu erleiden. Der Oberst von Kochtitzky wurde durch einen Sturz mit dem Pferde schwer beschädigt, Oberstlieutenant Schumann und Major von Brandenstein wurden verwundet. Die Mehrzahl der Kompagnieführer und anderen Offiziere waren gefallen, oder außer Gefecht gesetzt. Im Nordosten von St. Privat, am Walde von Jaumont, mußten währenddem fünf Kompagnien des Leibgrenadierregiments — die übrigen sieben waren unter Oberst Garten bei vorerwähntem Angriff beteiligt — unter Oberstlieutenant von Schimpff im Verein mit dem 3. und 4. Bataillon des 1. preußischen Garderegiments mehrere heftige Vorstöße des überlegenen Feindes durch Schnellfeuer zurückweisen.

Nun begann die Artillerie erneut ihre Arbeit. Die Geschütze der 1. sächsischen Division fuhren von Roncourt rasch gegen St. Privat ab; hinter ihr die Korpsartillerie; beide pflanzten sich nördlich von St. Privat auf und warfen alsbald einen Hagel von Granaten in das Dorf. Der erste sächsische Kanonendonner löste den Alp von der Brust der braven preußischen Garde, die lange, bange Viertelstunden dem feindlichen Feuer preisgegeben waren. Jetzt endlich nahte die Entscheidung mit den sächsischen Kameraden. Die Gardeartillerie beschoß inzwischen schon längere Zeit mit 85 Geschützen das Dorf St. Privat, wo an mehreren Stellen die Flammen emporschlugen und die feindlichen Truppenmassen sich deutlich erkennbar unter dem Granatenhagel immer

fester zusammen drängten. Als die vierzehn sächsischen Batterien
dann ihr Feuer mit dem der Gardeartillerie vereinigten, Mauern
und Gebäude in dem mit Truppen überfüllten Orte zusammen-
stürzten und fast das ganze Dorf lichterloh brannte, da fühlte auf
deutscher Seite alles instinktiv: „Jetzt gilt's!"

Die in längerem Nahkampfe bis aufs höchste gespannte Gefechtslage war nun zur Entscheidung reif, und die deutschen Korps-
führer erließen den Befehl zum Sturm, welchen aber die in der
vorderen Gefechtslinie anwesenden Generale etwa um 7½ Uhr bereits selbständig beschlossen hatten. Auf das ihnen gegebene Zeichen
warfen sich bei eben untergehender Sonne die sächsischen und preußischen Bataillone auf das so lange und zäh verteidigte Bollwerk
des Feindes. Überall riefen Trommeln und Hörner zum Laufschritt,
die voraneilenden Offiziere, die wehenden Fahnen, von denen einige
ihre Träger schon fünfmal gewechselt hatten, zeigten der Mannschaft den Weg. Schulter an Schulter stürmten Garde und Sachsen
hinein in den Eisenregen, welcher ihnen aus dem Dorfe entgegen
prasselte. Dem Pfeifen und Sausen der deutschen Granaten, welche
hineinwetterten in das gleich einem Vulkan in Feuer und Pulverdampf eingehüllte Dorf, folgte das weithin schallende „Hurra!"
der Sachsen und Garde. Beide erreichten zugleich das brennende
Dorf; die Sachsen drangen im Norden und Nordwesten, die Garde
von Westen und Süden in dasselbe ein.

Die Franzosen hielten noch immer wacker Stand und entwickelten namentlich am nördlichen und nordwestlichen Dorfrand einen
zähen Widerstand. Die eindringenden Sachsen hatten daher dort
ein schweres, verlustreiches Gefecht zu bestehen und mußten jedes
Gebäude einzeln erstürmen. Hier am Wege nach Roncourt, wo
jetzt das am 31. Juli 1873 feierlich enthüllte Sachsendenkmal steht,
war's, wo der Generalmajor von Craushaar den Heldentod fand.
Er war eben die Linien seiner Truppen entlang geritten und hatte
sie zum letzten Anlauf gegen das Dorf ermuntert, als ihn in den
Reihen des 2. sächsischen Grenadierregiments Nr. 101, nahe am
Wege von Roncourt, die tödliche Kugel traf. Unmittelbar darauf
gingen die sächsischen Grenadiere zusammen mit den zunächst stehenden Gardebataillonen zum Angriff über, bei welchem die Fahne
des vorgenannten sächsischen Regiments durch Hauptmann von

Rouvroy in das brennende Dorf getragen wurde. Es kam noch zu einer Reihe erbitterter Einzelkämpfe, namentlich um den Besitz der zusammengeschossenen Dorfkirche und des Friedhofs flossen noch Ströme von Blut. Hier focht in erster Linie das sächsische Leibregiment und das Regiment 107 und kam es in jenen Straßenkämpfen mehrfach zur Anwendung von Kolben und Bajonett.

Um 8 Uhr abends befand sich der Sieger im unbestrittenen Besitz des mit hartnäckiger Ausdauer verteidigten Dorfes, in welchem der Feind über 2000 unverwundete Gefangene in den Händen der Deutschen ließ. Mit der Einnahme von St. Privat war die Niederlage des französischen rechten Flügels entschieden. In Auflösung eilten die geschlagenen Truppen dem Moselthale zu. Noch einmal brauste der Donner der Schlacht gewaltig auf. Es entspann sich nach Wegnahme von St. Privat ein bis in die Dunkelheit hinein fortbauernder Geschützkampf, zwischen der Reserveartillerie der französischen Kaisergarde und dreiundzwanzig deutschen Batterien, welchen sich einige Batterien des X. Korps anschlossen; auch hatten einige Kompagnien Infanterie dieses Korps sich noch an der Wegnahme von St. Privat beteiligen können.

Das war die Schlacht bei St. Privat, die durch das Eingreifen der Sachsen entschieden wurde. Der Verlust der Sachsen bei St. Privat betrug 40 Offiziere tot und 66 verwundet, 420 Unteroffiziere und Soldaten tot, 1503 verwundet, 190 vermißt. 69 Pferde tot, 54 verwundet, 5 vermißt. Am Abend des Tages nach der Schlacht erließ Kronprinz Albert, der sich nach Roncourt begeben hatte, den nachstehenden Korpsbefehl:

„Der kommandierende General dankt allen Offizieren, Unteroffizieren und Soldaten des sächsischen Armeekorps für die glänzende Tapferkeit und Ausdauer in den gestrigen Kämpfen. Der Tag von Ste. Marie und Privat bleibt in ruhmvoller Erinnerung, wie das Gedächtnis an unsere braven gefallenen Kameraden.

Albert,
Kronprinz von Sachsen."

„Unvergeßlich" — so schreibt von Schimpff in seinem Buche „König Albert fünfzig Jahre Soldat" — „wird dieser Abend sein. Die großartige Szenerie des Schlachtfeldes bei aufgehendem Monde, dessen mildes Licht die Gegend im Gegensatz zu dem Flammenschein

Das Sachsen-Denkmal vor St. Privat la Montagne.

der brennenden Dörfer übergoß, die laue Sommerluft, die Stille nach dem Getöse des Kampfes wirkten mächtig auf das Gemüt. Das XII. Armeekorps biwakierte in dem Raume zwischen St. Privat, Roncourt und Montois, mehrfach mit Gardetruppen untermischt.

Kronprinz Albert brachte die Nacht in einem Häuschen von Roncourt zu. Abends war sein Stab um ihn versammelt, und fanden sich Brot, Eier und Rotwein, als Nachtisch sogar ein Korb gelber Pflaumen, zu erwünschter Stärkung. Der Leibjäger Laßmann bereitete seinem hohen Herrn das einfache Lager. In dem vergitterten Vorraum des Häuschens war die Leiche des gefallenen Kommandeurs des 1. Garderegiments zu Fuß Oberst von Röder niedergelegt worden. Seine Grenadiere hielten bei ihm die Ehrenwache."

Der 18. August 1870 war ein hoher Ehrentag, besonders für die sächsische Infanterie und Artillerie. Dem erlauchten Führer der Sachsen aber brachte die glänzende Waffenthat bei St. Privat nicht allein das eiserne Kreuz, sondern der deutsche Oberfeldherr übertrug Sachsens Kronprinz auch den Oberbefehl über die neugebildete IV. deutsche Armee, bestehend aus dem IV., XII. und Garde-Korps, sowie aus der 5. und 6. Kavallerie-Division, zusammen 83 Bataillone oder 70 028 Mann Infanterie, 116 Eskadrons Kavallerie mit 16 247 Pferden und 288 Geschützen. Mit dieser Armee, deren Abmarsch vom Schlachtfelde von St. Privat bereits am 19. August erfolgte, erfocht der Feldherr eine Reihe glorreicher Siege und errang ihr damit eine anfangs gar nicht beabsichtigte dauernde Selbständigkeit und infolge der glücklichen Führung an den Ufern der Maas den Namen „Maas-Armee".

Der Tag von St. Privat war der erste verheißungsvolle Anfang jener langen Reihe von namhaften und bedeutungsvollen Waffenthaten, welche die sächsischen Truppen im deutsch-französischen Feldzuge verrichteten. Wie bei St. Privat, so wehte auch bei Beaumont, Sedan, Paris und St. Quentin das Rautenkranzbanner der Wettiner gar stolz und kühn neben dem preußischen Adler und dem bayrischen Löwen und die sächsischen Truppen hielten allzeit wacker Schritt mit ihren Kameraden aus Nord- und Süddeutschland.

Die Gefechte bei Buzancy und Nouart
am 27. und 29. August 1870.

> Das war ein lustig Raufen fürs vierte Regiment,
> Drob seine Bataillone man hoch mit Ehren nennt!
> Wie ging's so flott zum Sturme der Höhen von Nouart,
> Wie klang so frisch und freudig das sächsische Hurra!
>
> Unbekannt.

Während nach dem 18. August die Truppen des Prinzen Friedrich Karl von Preußen die jungfräuliche Veste Metz, in welcher Marschall Bazaine, der Henker von Mexiko und des unglücklichen am 19. Juni 1867 bei Queretaro standrechtlich erschossenen Kaisers Maximilian von Mexiko, samt der geschlagenen französischen Rheinarmee festsaß, wie der Fuchs in der Falle, mit Eisenklammern umfaßt hielten, setzten die Deutschen in zwei von den preußischen und sächsischen Kronprinzen befehligten Armeen, zusammen 8½ Armeekorps und 4 Kavallerie-Divisionen, etwa 240 000 Mann ihren Marsch auf Paris fort. König Wilhelm folgte ihnen. Am 26. August wurde im deutschen Hauptquartiere durch weit voraus gesandte Reiterpatrouillen der III. Armee bekannt, daß Marschall Mac Mahon mit seiner bei Chalons neugebildeten Armee, bestehend aus 4 Armeekorps und 2 Kavallerie-Divisionen dem Befehle des französischen Kriegsministers nach längerem Schwanken — er selbst hatte nach Paris zurück gewollt — von Rethel aus östlich nach der Maas abmarschiert sei, um Bazaine zu entsetzen. Bei der Armee Mac Mahons befand sich auch der Kaiser Louis Napoleon und sein Sohn, was im deutschen Hauptquartier aber nicht bekannt war.

Infolge jener Nachrichten traf die Oberleitung der deutschen Heere sofort ihre Gegenmaßregeln. Die Armeen der beiden Kronprinzen erhielten Befehl, rechtsum zu machen, um den Plan des Feindes zu vereiteln, was in Zeit von nur sieben Tagen vollständig gelang. Die Maasarmee unter dem Kronprinzen von Sachsen, welche ihre Richtung auf Beaumont nahm, stieß bereits am 27. August auf den Feind und zwar mit Teilen ihrer

24. Kavallerie-Brigade im Reitergefecht bei Buzanzy und zwei Tage später mit der 46. Infanterie-Brigade, sowie Reiterei und Artillerie bei Nouart. Sie warf ihn beide Male. Das war das Vorspiel zu dem Drama von Sedan.

Bei Buzanzy, welcher Ort zwischen Vouziers und Beaumont gelegen ist, stieß das vom Oberst von Standtfest befehligte königl. sächs. 3. Reiter-Regiment nebst einer Schwadron vom 2. Ulanen-Regiment Nr. 18 und der reitenden Batterie Zenker auf sechs Eskadrons des französischen 12. Chasseur-Regiments. Es kam zu einem kurzen, blutigen Reitergefecht, in welchem das Chasseur-Regiment zersprengt und fast gänzlich aufgerieben, der Kommandant der Franzosen, Oberstlieutenant Laporte, aber verwundet und gefangen genommen wurde. Das Feuer der reitenden Batterie Zenker war es vornehmlich, welches den Feind zum Zurückgehen nötigte; attackiert hatte die 1. und die Hälfte der 5. Schwadron des dritten Reiter-Regiments.

In jenem Gefechte zeichneten sich zwei Soldaten dieses Regiments in ganz hervorragender Weise durch Tapferkeit aus und erwarben sich dadurch seltene Auszeichnung, erhielten aber zugleich so schwere Verletzungen, daß sie nicht weiter dienen konnten. Dem Einen, namens Franz Mucke aus Neurendnitz bei Leipzig, wurde sein Pferd unter dem Leibe erschossen und er selbst verlor beim Sturze seinen Helm. Da sah er seinen Lieutenant von Milkau von acht französischen Chasseurs umringt und fast vom Pferde gezogen. Sofort sprang der Brave hinzu. Den blanken Pallasch in der Faust, fiel er die Franzosen an. Dem Ersten schlitzte er den Leib auf, hieb den zweiten herunter vom Pferde, und spaltete dem dritten Franzosen den Kopf. Unterdes war der Lieutenant, der nun Luft bekommen, auch wieder kampffähig geworden und setzte sich tapfer zur Wehr, die übrigen Franzosen suchten daher alsbald das Weite.

Auf dem Rückwege zur Schwadron stießen die beiden noch auf einen französischen Lieutenant, den der Reiter Mucke ebenfalls vom Pferde herunterhieb. Das war aber sein letztes Stück; denn gleich darauf stürzte er infolge des starken Blutverlustes zu Boden und blieb mit dem Gesicht nach unten liegen. Mucke hatte nämlich in dem Handgemenge verschiedene sehr schwere Wunden erhalten und zwar zwei schwere Hiebe über den Kopf, einen Hieb in den Rücken, einen Stich in den linken Arm, auch drei Finger der linken Hand waren ihm beinahe abgehauen. Während er nun besinnungslos in seinem Blute dalag, kehrten die Feinde zurück und versetzten ihm noch vier Stiche ins Kreuz. Zu Dun, wohin man ihn ins Lazarett brachte, wurde er vom Oberbefehlshaber des kgl. sächs. (XII.) Armeekorps Prinzen Georg besucht, welcher ihm seine volle Anerkennung aussprach. Er wurde wieder hergestellt und, in seiner Heimat angekommen, von allen Seiten aufs Freundschaftlichste empfangen.

Der andere sächsische Reiter, welcher bei Buzanzy sich durch Tapferkeit auszeichnete, war ein Vogtländer namens Heidler und stammte aus Reichenbach. Ihm wurde am 27. August im Kampfe mit fünf Chasseurs der Helm zerhauen, er bekam im Handgemenge zwei Hiebe von je vier Zoll Länge über den Kopf und einen Hieb über die Hand, tötete aber seinerseits zwei Chasseurs, während die andern drei die Flucht vor ihm ergriffen. Dann erst stieg er vom Pferde, hob den zerhauenen Helm auf und fragte, während ihm das Blut über das Gesicht lief, seinen herbeieilenden Rittmeister: „Was soll ich denn aber nun mit dem Helm machen?" Sowohl Mucke wie Heidler wurden später für ihre Tapferkeit mit dem eisernen Kreuz und der Medaille zum sächs. Kriegs= (St. Heinrichs=)Orden dekoriert.

Das Gefecht bei Nouart am 29. August wurde ausgefochten von der Lausitzer Brigade Nr. 46 (Regimenter 102 und 103). An dem erwähnten Tage überschritt das XII. Armeekorps in den frühen Morgenstunden die Maas und trat, seiner aufklärenden Kavallerie folgend, in nordwestlicher Richtung den Vormarsch zur Rekognoszierung auf Nouart an. Der Tag war schön und die Mannschaft in bester Stimmung. Die gedachte Infanterie=Brigade mit dem Regiment „Kronprinz" Nr. 102 an der Spitze, hatte die Avantgarde. Gegen 11 Uhr mittags erreichte das Regiment das Plateau bei Barricourt=Villers und erblickte von hier jenseits Nouart ein großes französisches Feldlager, auch feindliche Abteilungen auf den gegenüberliegenden Höhen vorbeimarschieren und vorrücken. Die Fühlung mit dem Feinde war somit gewonnen.

Obgleich die Regimenter seit 3 Uhr morgens auf den Beinen gewesen und in furchtbarer Sonnenglut marschiert waren, so ver=

gaben die Soldaten doch angesichts des Feindes alle Müdigkeit. Bald darauf wurde gehalten. Zwei französische Kavallerie-Regimenter, welche in sorglosester Weise im Marsche auf Beauclair die Niederung passierten, suchten die zwischen ihnen und den Sachsen liegende Höhe zu ersteigen. Da marschierte die 10. und 11. Kompagnie des Regiments „Kronprinz" Nr. 102 auf und sandte einen Hagel von Geschossen in die dichten Haufen der erschreckten Reiter, Husaren und Lanciers. In wilder Flucht jagten diese, verfolgt von den Geschossen der Artillerie, auf Champy zurück.

Gedeckt durch ein Gehölz und durch die rechts von ihr ausfahrende Divisionsartillerie marschierte die Brigade Nr. 46 mittags 12 Uhr zunächst auf der Höhe zwischen Tailly und Barricourt auf und entsendete dann das Regiment Nr. 103 zur Rekognoszierung der feindlichen Stellung gegen die Gehölze von Champy jenseits Nouart. Die Franzosen, Division Lespart, nahmen das Gefecht sogleich an und entwickelten allmählich die ganze Division mit zahlreicher Artillerie. Es entspann sich ein sehr lebhafter und für das 103. Regiment verlustreicher Kampf. Nouart ist der Hauptgefechtstag des nur genannten Regiments von 1870 und hatte dasselbe damals einen gar schweren Stand.

Zur Verstärkung des 103. Regiments, eventuell zu seiner Aufnahme wurde gegen 4 Uhr nachmittags das Regiment „Kronprinz" Nr. 102 nach Nouart vorgezogen. Der Feind ging indessen zurück unter dem Schutze seiner feuernden Artillerie und gedeckt durch die Brigaden Manssion und Nicolas, welche Champy und die anliegenden Höhen bei Belval festhielten, während die Sachsen auf Befehl ihres Korpsführers, des Prinzen Georg, die gewonnenen Stellungen bei Nouart wieder räumten. Der Zweck der Rekognoszierung war erreicht und eine weitere Ausdehnung des Kampfes lag an diesem Tage nicht im Sinne der obersten Heeresleitung; er wurde erst drei Tage später bei Sedan ausgefochten. Das waren die Gefechtstage bei Buzancy und Nouart, welche hohe Ehrentage bilden in den Annalen des heutigen sächsischen Karabinier-Regiments und des Infanterie-Regiments Nr. 103.

Bei Beaumont
am 30. August 1870.

> Die Kaiseradler sie fallen,
> Das Rautenbanner weht:
> Und kühn zum Siege allen
> Voran Herr Albert geht!
> George Hesekiel.

Jenes große, welthistorische Ereignis von Sedan, dessen Gedächtnis alljährlich am 2. September nicht allein im Herzen aller derjenigen, welche „dabei gewesen", neu aufgefrischt und den heranwachsenden Geschlechtern überliefert wird als teures Vermächtnis aus der siegesgewaltigen Zeit des deutschen Volks, wurde in erster Linie herbeigeführt durch die Schlacht von Beaumont am 30. August 1870. Die hohe Bedeutung dieser allein von der aus der preußischen Garde, sowie dem IV. und XII., also dem preußisch-sächsischen und dem königl. sächsischen Armeekorps bestehenden Maasarmee unter dem Oberbefehl des heutigen Sachsenkönigs geschlagenen Schlacht ist, eben weil Sedan unmittelbar darauf folgte, im allgemeinen viel zu wenig bekannt.

Der 30. August gehört zu den schönsten kriegerischen Ehrentagen des sächsischen Königs Albert. Der Tag von Beaumont brachte ihm jene beiden höchsten militärischen Auszeichnungen, welche Wilhelm I. an seinem zum erstenmal als deutscher Kaiser gefeierten Geburtstage, sowie gelegentlich des Truppeneinzuges in Dresden, dem Erben der sächsischen Königskrone für die gegen Frankreich geleistete treue Mithilfe verlieh: das Großkreuz des eisernen Kreuzes und die Würde eines Generalfeldmarschalls; beide konnten nur Feldherren erlangen, welche selbständig handelnd, den Feind in persönlich geleiteter Feldschlacht besiegten.

Nach der Schlacht bei St. Privat=Gravelotte am 18. August, in welcher das königlich sächsische Armeekorps durch sein tapferes Eingreifen bei der Erstürmung des stark befestigten Dorfes St. Privat la Montagne den Sieg an die deutschen Fahnen gefesselt hatte, setzten die Deutschen in zwei von dem preußischen und dem sächsischen Kronprinzen befehligten Armeen den Marsch auf Paris fort, während die Legionen des Prinzen Friedrich Karl von Preußen die jungfräuliche Veste Metz, in welcher Bazaine mit der Rhein=Armee eingeschlossen war, fest wie mit eisernen Armen umklammert hielten. Im deutschen Hauptquartiere ward einige Tage später bekannt, daß Mac Mahon, der Oberbefehlshaber der Armee von Chalons, deren Lager von den Reiterpatrullen der Armee des preußischen Kronprinzen verlassen gefunden wurde, nach Osten abmarschiert sei, um Metz zu entsetzen.

Sämtliche Truppen der beiden Kronprinzen erhielten deshalb Befehl, rechtsum zu machen, und in einer der großartigsten je ausgeführten, nur sieben Tage dauernden Operation wurde dieser feindliche Plan nicht allein vereitelt, sondern auch die ganze feindliche Armee bei Sedan eingekesselt, geschlagen, und mitsamt Louis Napoleon gefangen genommen. Die auf Beaumont vorgeschickte Maasarmee packte bereits den Feind mit Teilen ihrer 24. Kavalleriebrigade — 3. sächsisches Reiterregiment und reitende Batterie Zenker — am 27. August im Reitergefecht bei Buzancy, und zwei Tage später mit der 46. Infanteriebrigade — Regimenter 102 und 103 — sowie Reiterei und Artillerie bei Nouart und warf ihn beide Male. Am 30. August endlich schlug Kronprinz Albert bei Beaumont das V. französische Armeekorps des Generals de Failly blutig aufs Haupt, wobei die 8. preußische Division unter Befehl des Generallieutenants von Schöler das schlecht bewachte Lager des Feindes überfiel.

Für den Angriff auf den Feind hatte das Oberkommando der Maasarmee vom Hauptquartier Bayonville morgens 3 Uhr die erforderlichen Befehle erlassen. Im genannten Orte versammelte Kronprinz Albert auch die kommandierenden Generale morgens 8 Uhr, teilte ihnen seine Anschauung der Sachlage mit und zeichnete den Führern der einzelnen Kolonnen ihr Verhalten so klar vor, daß er mit Zuversicht auf gleichzeitigen und energischen Beginn des Angriffs rechnen konnte. Hierauf begab er sich auf die Höhe westlich von Nouart. Von dort aus war, zumal trübes und nebliges Wetter herrschte, nur die nähere Umgebung zu übersehen. Der Blick nach dem Kriegsschauplatze war durch die vorliegenden Wälder gehemmt. Man sah das 1. Ulanenregiment Nr. 17 auf dem Wege nach Belval vorgehen, man sah die einzelnen Angriffskolonnen allmählich im Walde verschwinden. Dann folgten Stunden gespannter Erwartung. Oberstlieutenant von Verdy du Vernois vom großen Hauptquartier traf auf der Höhe ein, wo Sachsens Kronprinz hielt, um über den Gang der Ereignisse bei der Maasarmee direkten Bericht erstatten zu können.

Die durch den Wald von Dieulet gegen Beaumont vorbringenden Truppen des IV. deutschen Armeekorps erwarteten beim Heraustreten aus dem Forste mit einem mörderischen Feuer begrüßt zu werden. Statt dessen blieben sie nicht nur völlig unbehelligt, sondern vernahmen obendrein von den Patrullen, daß die feindliche Division in größter Sorglosigkeit mit dem Abkochen beschäftigt sei und nicht einmal Vorposten ausgestellt habe. Daher wurden die Kolonnen möglichst verdeckt und ungesehen an das französische Lager herangeführt, eine Batterie auf 600 Schritt Entfernung aufgefahren und plötzlich wie vom heiteren Himmel wetterten Granaten mitten ins französische Lager hinein, denen unmittelbar der Angriff der beiden Infanterie-Divisionen folgte. Es war mittags $\frac{1}{2}$1 Uhr. Die Wirkung des Granatfeuers und die Überraschung des Feindes war ganz außerordentlich.

In der ersten Zeltreihe fand man fünf, in der zweiten sechs Franzosen durch einen einzigen Schuß niedergestreckt; hier einen, der in der Linken ein Stück Fleisch, in der Rechten das darauf zu streuende Salz hielt und einen Granatsplitter in der Brust hatte, dort einen andern, der eben die Blechflasche zum Munde führte, dem aber der ganze Oberkiefer weggerissen war. Wer nicht verwundet war, floh in größter Eile. Zelte und sonstige Lagergerätschaften, die Kochkessel mit ihrem Inhalt an Gemüsen und Fleisch wurden zurückgelassen und man fand das Lager übersäet mit Armatur- und Monturstücken, sowie Luxusgegenständen und Delikatessen aller Art. Büchsen mit Ölsardinen, welche den Offizieren gehörten, lagen auf dem Boden, selbst Champagnerflaschen und das Eis zum Frappieren fehlte nicht. Noch stundenweit vom Lager fand man auf der

Straße und in Gräben eine Menge weggeworfener Gegenstände und umgestürzte Wagen mit Offiziersbagage. Die Fliehenden waren, von panischer Furcht ergriffen, kaum zum Stehen zu bringen.

Auf den Höhen vor Beaumont wagten sie nicht, stand zu halten, sie eilten in die Stadt und auf die rückwärts gelegenen Höhen, wo die andere Division und die Artillerie des Korps Failly stand. Aber die Magdeburger und Thüringer sowie die sächsische Artillerie ließen dem Feinde keine Zeit, sich hier festzusetzen.

Nach einem glänzenden Artilleriegefecht drangen die Truppen des IV. deutschen Armeekorps hart hinter den atemlos fliehenden Franzosen in das Städtchen Beaumont, während zugleich von links her Abteilungen des I. bayrischen Korps einrückten, nahmen den Ort und zwangen den Feind, sich nach Mouzon zurückzuziehen. Das zwischen Mouzon und Beaumont liegende Gehölz von Givodeau wurde von dem feindlichen Nachtrab hartnäckig verteidigt, um den abziehenden Korps Zeit zum Abmarsch und zum Übergang über die Maas zu lassen. Aber Truppen des IV. und XII. Armeekorps nahmen auch dieses Gehölz und überschütteten die dichten Haufen der Flüchtlinge mit Granaten. Um dem Vorrücken der deutschen Truppen Einhalt zu thun, fuhr Faillys Artillerie nach Überschreitung der Maas bei Mouzon auf den östlich liegenden Höhen auf und beschoß das weit niedrigere linke Ufer.

Zu gleichem Zwecke hatte Mac Mahon, der nebst dem Kaiser Napoleon Zeuge dieses Rückzugs war, eine Brigade des Korps Lebrun und die Kavalleriedivision Bonnemain auf das linke Maasufer zurückgehen lassen, während das Korps Ducrot nach Überschreitung der Maas am Vormittage nach Carignan marschierte. Vor Mouzon stellten sich die Franzosen auf, aber Teile des XII. und IV., sowie des I. bayrischen Korps drängten sie zurück, nahmen erst Villemontry, ½ Stunde vor Mouzon, dann dieses selbst.

Im Städtchen Carignan, welches vor wenig Stunden das Korps Ducrot mit stolzer Haltung hatte einmarschieren sehen, stürzten nun plötzlich Tausende vom Korps Failly in Straßen und Häuser, und nahmen alles mit, was an Lebensmitteln zu finden war. Viele der Einwohner flohen mit ihrer beweglichen Habe nach der belgischen Grenze. Die auf dem linken Flügel fechtenden

Bayern erstürmten das Gehöfte Thibaudine, die Dörfer Yonq und La Besace, sowie Rancourt. Die hereinbrechende Nacht machte auf allen Punkten dem Kampfe ein Ende.

Das war die Schlacht von Beaumont. Die Ehre des Tages gebührte dem IV. Armeekorps, welches am 30. August die Feuertaufe erhielt und glänzend aus derselben hervorging. Das in Reserve bei Rouart gebliebene Gardekorps langte erst abends auf dem Schlachtfelde an, das sächsische kurz nach dem Überfalle des Lagers; seine Artillerie und Kavallerie kamen noch ganz, von der Infanterie nur die 45. Brigade — Regimenter 100, 101 und 108, und zwar beim Zurückweichen des Feindes auf Mouzon — zur Verwendung. Hier wurde unter anderen der Fahnenträger des 3. Bataillons vom 2. Grenadier=Regiment Nr. 101, Sergeant Kutzsche, erschossen, wie dies noch heute der der Fahne von König Johann verliehene goldene Ring meldet. Die Trophäen des Tages waren nicht unbedeutend, es wurden über 2000 Gefangene gemacht, 19 Geschütze, 8 Mitrailleusen und zahlreiches Kriegsmaterial, Wagen und Vorräte aller Art erbeutet. Auf deutscher Seite verlor das IV. Korps 3000 Mann an Toten und Verwundeten, das XII. Korps einige hundert; der Verlust der Bayern war sehr gering.

Von der Anteilnahme des Oberbefehlshabers der Maasarmee an der Schlacht bei Beaumont giebt der Generallieutenant z. D. Schuritz, 1870/71 Armee=Intendant im Oberkommando der Maasarmee, in dem Werke „König Albert fünfzig Jahre Soldat" die nachstehende Schilderung: „Als gegen 2 Uhr die Meldung der 8. Division einging, daß deren Avantgarde den jenseitigen Waldrand erreicht habe, begab sich der Kronprinz Albert nach der Höhe nördlich Champy, welche einen freieren Überblick der Umgegend von Beaumont gewährte, um von dort aus das weitere Vordringen der Truppen beobachten zu können. Die Meldungen bis 2½ Uhr stellten den Überfall des französischen Lagers durch die 8. Division, sowie das siegreiche Vordringen des IV. Korps und den anscheinend von einer stärkeren Nachhut gedeckten Rückzug des Feindes fest. Infolgedessen wurde dem Gardekorps nunmehr die Weisung zugesandt, dem IV. Korps auf dem von ihm benutzten Wege durch den Wald zu folgen und hierbei die Kavallerie-Division an die Spitze der linken Flügelkolonne zu nehmen.

Um die fernere Leitung der auf dem Schlachtfelde versammelten Teile der Maasarmee persönlich zu übernehmen, begab sich der sächsische Kronprinz auf dem von der 7. Division eingeschlagenen Wege nach dem Schlachtfelde selbst. Der Weg war schmal und teilweise sumpfig, von nassen Gräben, besonders dem Wammebach durchschnitten, von dichtem Unterholz eingesäumt und trug die frischen Spuren des schwierigen Truppendurchzugs. Die ungefähr 6 Kilometer lange Strecke wurde in beschleunigter Gangart zurückgelegt. 3¾ Uhr traf Kronprinz Albert in dem eroberten Lager südlich Beaumont ein. Dasselbe bot das Bild der Übereilung, in welcher es die Franzosen verlassen hatten. Während des Rittes hatte man auf dem rechten Maasufer in dem Gelände zwischen Monzon und Carignan feindliche Truppen bemerkt und erhielt daher der Kommandeur des XII. kgl. sächs. Armeekorps, Prinz Georg den Befehl, die 12. Kavallerie-Division auf dem rechten Ufer gegen die Straße Monzon-Carignan zum Rekognoszieren vorzuschicken. Major von Holleben wurde vom Kronprinzen Albert entsendet, um sich zu überzeugen, ob ein Abdrängen des Gegners von der Maas durch das XII. Korps ausführbar sei. Um 3½ Uhr waren die Truppen des IV. Korps auf dem Höhenrande nördlich Beaumont zu weiterer Verwendung versammelt, während die Sachsen die Vorbewegung gegen Beaumont fortsetzten.

Der Blick auf das Gelände nördlich der Stadt wurde vom Standpunkte des Kronprinzen und dem eroberten Lager aus durch vorliegende Höhen und das Bois de Givodeau abgeschlossen. Der in den Wald abziehende Feind war mit dem Abfahren seiner letzten Batterie völlig aus dem Gesichtskreise verschwunden. Zur Linken deutete das allmählich schwächer werdende Feuer an, daß die Bayern die Division Konseil Dumesnil mehr und mehr zurückdrängten. Nach 5 Uhr erschien der sächsische Kronprinz auf der Höhe nördlich Létanne neben der dort aufgefahrenen sächsischen Artillerie und blieb hier während der nächsten Zeit, um auch das Vorgehen der sächsischen Kavalleriedivision auf dem rechten Maasufer zu beobachten.

Zu Ende der Schlacht hielt Kronprinz Albert auf der Höhe bei La Sartelle. Hier trafen um 7 Uhr die kommandierenden Generale des IV. und XII. Korps ein. Eine Stunde später erstattete der Prinz August von Württemberg persönlich die Meldung, daß um 6 Uhr nachmittags der Aufmarsch des von ihm befehligten Gardekorps bei Beaumont begonnen habe. Die Schlacht war gewonnen. Nachdem Kronprinz Albert noch angeordnet hatte, daß das IV. Korps auf dem eroberten Boden, das XII. bei Létanue, das Gardekorps südlich bei Beaumont lagern sollte, legte er sein Hauptquartier in letztgenannte Stadt.

Hier waren die Kirchen und öffentlichen Gebäude vollständig, die Privatgebäude zum größten Teile mit Verwundeten überfüllt, eine andere Anzahl Häuser war zu Trümmern verbrannt. Glücklicherweise hatte Graf Vitzthum, der persönliche Adjutant des sächsischen Kronprinzen, beim Vorreiten ein kleines einstöckiges Häuschen in enger Straße ermittelt und durch Aufstellung eines Feldgendarmen gesichert. Dasselbe lag zwar gegenüber einer noch glühenden und rauchenden Brandstätte, bot aber doch wenigstens Obdach und für den Kronprinzen eine Lagerstätte, eine zweite diente für den General von Schlotheim, den Generalstabschef der Maasarmee, nachdem der Herzog Karl Theodor von Bayern, des Kronprinzen Schwager und der Prinz von Schönburg, des Kronprinzen Generaladjutant, ausdrücklich darauf verzichtet hatten. Die übrigen Offiziere waren auf Strohlager angewiesen. Die Nachtruhe wurde fortwährend durch Meldungen bringende Offiziere und Ordonnanzen gestört.

Der militärische Erfolg der Schlacht bei Beaumont bestand darin, daß es, wie bei Vionville, am 16. August dem III. Armeekorps, bei Beaumont dem IV. Armeekorps gelang, die ganze feindliche Armee zum Stehen und zum Aufmarsch hinter der Maas zu zwingen. Auf Vionville folgte St. Privat-Gravelotte und auf Beaumont Sedan. Der trophäenreiche Sieg von Beaumont würde in der Geschichte des deutsch-französischen Krieges viel bedeutender bestehen, wenn er nicht durch den ungeheuren Erfolg der Schlacht bei Sedan verdunkelt, oder vielmehr überstrahlt würde. Daher kam es auch, daß daheim im Vaterlande der vom sächsischen Kronprinzen erfochtene bedeutungsvolle Sieg erst später bekannt wurde, und zwar durch das folgende von ihm an seinen Vater gerichtete schlichte und lakonische Telegramm:

Malancourt, 3. September, 10 Uhr abends.

An

Se. Majestät den König von Sachsen.

Die unter meinem Befehl stehenden Korps am 30. August siegreiche Schlacht gegen Mac Mahon bei Beaumont. Zirka 30 Kanonen und Mitrailleusen, viel Gefangene. XII. Korps wenig Verluste. Georg und ich gesund.

Albert.

Bei Sedan
am 1. September 1870.

Hell klirrt im Pulverdampfe
Der deutsche Eisentritt,
Die Sachsen, sie halten im Kampfe
Mit Preußens Garde Schritt.

George Hesekiel.

Der Tag von Sedan, jenes in der deutschen Geschichte ewig unvergeßliche Ereignis, war auch für Sachsens jetzigen König und die von ihm befehligte IV. deutsche Armee ein Tag des seltensten Ruhmes, der höchsten Ehre. Damals wurde der Kaiser der Franzosen Louis Napoleon III. und die ganze Armee des Marschalls Mac Mahon nach blutiger Schlacht gefangen genommen, eine Thatsache, welche in allen Gauen Deutschlands einen Jubelsturm hervorrief, wie ihn so leicht nicht jede Generation erlebt. Längst schon liegt Louis Napoleon III., welcher am 9. Januar 1873 zu Chiselhurst gestorben ist, in stiller Gruft und auch sein einziger am 1. Juni 1879 von den Assagais der Zulus gemordeter Sohn schläft bereits den letzten Schlummer, aber noch unvergessen sind im Herzen des deutschen Volkes jene erhebenden Tage anfangs September 1870, welche die Kunde von Sedan in der Heimat hervorrief. In ganz hervorragender Weise war am Kaiserfang von Sedan aber Kronprinz Albert von Sachsen mit der Maasarmee beteiligt.

Der Feldherr verließ mit seinem Stabe gegen 5 Uhr früh sein Hauptquartier Mouzon und begab sich nach der Höhe bei Amblimont. Der dichte Nebel verhinderte jeden Ausblick. Lebhafter Kanonendonner schallte von Bazeilles herüber, der sich nach 6 Uhr weiter nach rechts ausdehnte und verkündete, daß die sächsische

Vorhut den Feind nun gleichfalls an der Klinge hatte. Gegen 7 Uhr fiel der Nebelschleier und im hellen Sonnenglanze zeigte sich die liebliche Gegend von Sedan. Dichter Pulverdampf schwebte bereits über Bazeilles und la Moncelle, wo die Bayern und Sachsen im Feuer standen. Nach 8 Uhr marschierten die sächsischen Grenadier=Regimenter bei dem Standorte des Kronprinzen Albert in langer Marschkolonne vorüber, um ins Gefecht zu gehen. Der Geschützkampf dehnte sich immer weiter nach rechts aus; es traf die Meldung ein, daß La Moncelle genommen sei. Kurz vor 9 Uhr wurde das Eingreifen der Garde bemerkbar und kurz darauf zeigte sich der Geschützdampf auch auf der Westseite des Schlacht= feldes: die Armee des Kronprinzen von Preußen war demnach auf demselben erschienen und der Ring um die französische Armee dehnte sich immer weiter nach Norden aus. Die Schlacht bot ein großartiges unvergeßliches Kampfesbild. Über den in verhältnis= mäßig kleinem Raume kämpfenden Heeresmassen lag eine ringförmige schwere Rauchwolke, aus welcher Blitz auf Blitz zuckte. Der Donner der Geschütze rollte gleich fernem Gewitter, das Kleingewehrfeuer übertönend und eigenartig schrill knatternd mischte sich das Feuer der Mitrailleusenbatterien darein.

In der 10. Stunde konnte man vom Standpunkte des säch= sischen Kronprinzen am nordwestlichen Rande des Schlachtfeldes eine große Reitermasse, in dicke Staubwolken gehüllt, gegen Westen dahinstürmen und bald darauf zurückkehren sehen: es war dies der erfolglose Angriff der französischen Reiterbrigade Gallifet gegen die Artillerie des IX. Korps bei St. Menges. In der 11. Stunde lief die Meldung von der Eroberung Daignys ein, in der folgenden kehrte Major von Holleben zurück, der nachts zuvor zum Gardekorps entsandt worden war und nun Meldung brachte von den Ereignissen auf dem rechten Flügel. Alles bewies, daß die Maasarmee nur Fortschritte zu verzeichnen hatte.

Gegen drei Uhr brach am Bois de la Garenne eine gewaltige Kavalleriemasse gen Westen vor und flutete nach einiger Zeit wieder zurück. Das aufregende Schauspiel wiederholte sich bald darauf noch einmal. Es waren die letzten Verzweiflungskämpfe der fran= zösischen Reiterei. Daß auch sie vergeblich gewesen, war unschwer zu erkennen. Die Massen lichteten sich zusehends und zerstreuten sich endlich ganz: das Ende war da! Alsbald begab sich Kronprinz Albert mit seinem Stabe in beschleunigter Gangart über Douzy und Lameconrt nach der Höhe östlich von Daigny, wo die sächs. Kavallerie-Division und die Reserven der Maasarmee lagerten.

Von hier aus erteilte Kronprinz Albert, den die Truppen überall mit brausenden Hochrufen empfingen, Befehl, die Bewegung vorläufig einzustellen. Bald traf hier auch des Kronprinzen Bruder, Prinz Georg, ein und berichtete über die Einzelheiten der stattgefundenen Kämpfe. Zahllose Gefangene wurden vorübergeführt und bot das Schlachtfeld ein gar bunt bewegtes Bild, während aus der Gegend von Balan her noch immer der Schall des Geschütz- und Gewehrfeuers herübertönte.

Über den vorstehend, nach dem Buche „König Albert fünfzig Jahre Soldat", vom Standpunkt des Armeefeldherrn aus, nur in großen Zügen geschilderten Verlauf der Schlacht und die Einzelkämpfe der sächsischen Truppen um Sedan ist folgendes zu berichten:

Der 1. September, welcher, wie schon mitgeteilt, mit dichtem Nebel anbrach, sollte eigentlich ein Ruhetag für die durch die Märsche und Kämpfe der vorangegangenen Tage vollständig erschöpften Truppen der Maasarmee sein, allein die in der Nacht vom 31. August auf den 1. September beim Oberkommando eintreffende Ordre des Bundesfeldherrn ordnete das Vorgehen der Truppen mit Morgengrauen gegen Sedan und Mezières an: das Kesseltreiben begann. Die Maasarmee bildete den rechten Flügel, die III. Armee den linken der gegen die in und um Sedan vereinigten französischen Truppen vorrückenden deutschen Heerhaufen. Die unter Preußens Kronprinz fechtenden Korps führten die Umgehung der französischen Linien bis zu deren vollständiger Einschließung aus. Schon in früher Morgenstunde verkündete dumpfer Kanonendonner den Beginn des Kampfes und zwar um den Besitz des Dorfes Bazeilles, das die Bayern erst nach langem blutigen Kampfe zu nehmen vermochten. Die sächsischen Regimenter kamen gegen 7½ Uhr ins Gefecht, zuerst die 2. Division Nr. 24, deren Avantgarde, das 8. Infanterie-Regiment Nr. 107, in das Dorf La Moncelle eindrang. Bei dieser Gelegenheit wurde der Kommandeur der 3. Brigade Nr. 47, Generalmajor von Schulz, verwundet. Die 1 sächsische Division Nr. 23 traf erst um 9 Uhr auf dem Schlachtfelde ein, just zur rechten Zeit, denn die Franzosen, deren Mitrailleusenfeuer die Sachsen hart mitnahm, unternahmen mehrere heftige Vorstöße, die nur durch Schnellfeuer zurückgewiesen werden konnten; dem endlich weichenden Feinde nahmen die Sachsen eine Anzahl Mitrailleusen ab, auch eroberte die 4. Kompagnie des 5. Infanterie-Regiments Nr. 104 unter Hauptmann Küstner II. bei der Erstürmung der Brücke von Daigny eine Turkofahne, das einzige feindliche Feldzeichen, welches die Sachsen im Feldzuge 1870/71 erbeuteten. Dann stürmte die 2. sächsische Brigade Nr. 46, geführt vom Generalmajor von Montbé, die noch vom Feinde besetzten Teile des Dorfes La Moncelle.

Die Artillerie, welche anfangs einen harten Stand gehabt hatte, eröffnete nun ein wirksames Feuer gegen die feindlichen Stellungen; im Beginn des Gefechts waren der Kommandeur der sächsischen Korpsartillerie, Oberst Funcke, auf der Höhe östlich von La Moncelle schwer verwundet worden. In den ersten Nachmittagsstunden begann der Vormarsch der Sachsen von Daigny; die Höhen westlich des Ortes wurden hartnäckig verteidigt, der Widerstand aber gegen 3 Uhr nachmittags mit vielen Opfern überwunden und dabei vom 1. Bataillon des 1. Leibgrenadier-Regiments zwei Mitrailleusen mit stürmender Hand genommen, sowie 1000 Mann Gefangene gemacht. Unter den bei Wegnahme der Höhen von Daigny Gefallenen befand sich auch der Hauptmann Adolph von Berlepsch vom 2. Grenadierregiment Nr. 101, einer der geistvollsten Offiziere des sächsischen Heeres, ein warmbegeisterter Freund der Kunst und Wissenschaft, ein sinniges, echt deutsches Dichtergemüt.

Das preußische Gardekorps ging mit den Sachsen vor gegen Fleigneux zu. Sein unaufhaltsamer Vormarsch bot einen wahrhaft glänzenden Anblick. Laut aufjubelten die Garden, als sie dabei zu ihrer Rechten die preußischen Waffenbrüder, die Sieger von Weißenburg und Wörth, das V. und XI. Korps, erblickten, welche von Donchery aus nördlich und nordwestlich sich gezogen hatten, um, wie die IV. Armee und die Bayern von Osten aus, so von Westen aus Sedan zu umklammern und im Norden mit jener sich zu vereinen. Sofort eilte die Garde-Kavallerie-Division, welche das Thal aufwärts gedrungen war, diesen Kampfgenossen entgegen. Sie stieß dabei auf die Spitze der 4. Kavallerie=Division, welche der preußische Kronprinz vorausgeschickt hatte, um dem Feinde den Weg nach Belgien zu verlegen, und damit war das letzte Glied in den ehernen Ring eingefügt, in dessen fürchterlicher Umklammerung die feindliche Armee zu Grunde gehen mußte. Nur einer einzigen französischen Kavallerie=Brigade und einigen Infanterie=Abteilungen war es gelungen, dort durch die Wälder über die Grenze zu entkommen; allen ihren Kameraden riefen die deutschen Geschütze aber überall ihr donnerndes „Zurück!" entgegen.

Die Artillerie war es diesmal, welcher die scheidende Sonne über dem blutroten Gürtel des Kanonenfeuers hinweg, mit dem minutenlang der dampfende Horizont umglänzt war, den Siegesgruß entgegenleuchtete und der Kranz des Tages wurde um die ehernen Mündungen der Kanonen gewunden; ihr ruhiges, trefflich gerichtetes, nie erlahmendes Feuern brach den feindlichen Vorstößen die Spitze ab und erleichterte die Operationen der Infanterie auf das wesentlichste. Keine der deutschen Batterien scheute sich, im feindlichen Infanteriefeuer auszuhalten und nur auf wirksame Entfernungen gaben sie ihre Salven ab. Der Artillerie hauptsächlich dankten die Truppen die verhältnismäßig geringen Verluste in dem so erbitterten Kampfe; die Artillerie hatte die heiße Schlacht entschieden und den Sieg an die deutschen Fahnen gefesselt. Von dem furchtbaren Artilleriefeuer der deutschen Batterien kann sich auch der Nichtsoldat eine deutliche Vorstellung machen, wenn er erfährt, welche Unmassen von Geschossen die deutschen Kanoniere den anstürmenden Franzosen entgegensandten und mögen darum hier einige Ziffern über den enormen Munitionsverbrauch verschiedener sächsischer Batterien mitgeteilt werden. Es verschossen in der Schlacht bei Sedan die 3. schwere Batterie unter Hauptmann von Keyßelitz: 660 Granaten, 89 Shrapnels und 8 Kartätschen, die 4. schwere Batterie unter Hauptmann Groh: 692 Granaten und 96 Shrapnels, die 8. schwere Batterie unter Hauptmann Portius: 429 Granaten, 34 Shrapnels und 4 Kartätschen, die 3. leichte Batterie unter Hauptmann Bucher II: 574 Granaten und 116 Shrapnels und endlich die 4. leichte Batterie unter Hauptmann von der Pforte: 330 Granaten und 159 Shrapnels. Diese fünf sächsischen Batterien allein gaben also nicht weniger als 3191 Schuß bei Sedan ab.

Die französische Armee zählte vor dem 1. September 124000 Mann; 3000 Mann blieben in der Schlacht, 14000 Mann wurden verwundet, der Rest von 83000 Mann wurde gefangen. Die Kriegsbeute betrug 1 Adler und 2 Fahnen, 419 Feldgeschütze, 139 Festungsgeschütze, 1072 Fahrzeuge aller Art, 66000 Gewehre und 6000 noch brauchbare Pferde. 1 Adler, 2 Fahnen, 25 Geschütze und 7 Mitrailleusen, über 11000 Gefangene, zahlreiche Fahrzeuge und Kriegsmaterial aller Art waren allein der Maasarmee in die Hände gefallen.

Ihr Befehlshaber, Kronprinz Albert, wurde am 4. September bei einem Besuche des deutschen Oberfeldherrn in dessen Hauptquartier Vendresse von diesem mit herzlicher Umarmung begrüßt sowie für seine hervorragenden Leistungen mit dem eisernen Kreuze 1. Klasse dekoriert und die von ihm befehligten Truppen jauchzten ihm mit Begeisterung zu, als er am 2. September in Begleitung seines Generalstabschefs und mehrerer Offiziere seines Stabes die Stellungen seiner Armee und das Schlachtfeld beritt. Die Spuren der Verwüstungen des vorangegangenen Tages waren noch unverwischt, besonders in Bazeilles, wo vom Morgengrauen bis zum Mittag die heftigsten Kämpfe gewütet hatten. Der Ort bildete fast nur einen großen Trümmerhaufen; verkohlte und halbverbrannte Leichname lagen noch in großer Zahl frei umher. Das menschliche Gefühl stumpft im Kriege zwar ab, aber das schauerliche Bild von Bazeilles wird den Augenzeugen unvergeßlich bleiben.

Das weltgeschichtliche Ereignis bei Sedan: die Gefangennahme Napoleons und seiner Streithaufen, wie die Kapitulation der Festung, welche durch die vorstehend kurz geschilderte Schlacht herbeigeführt wurde, vollzog sich in der folgenden Weise: In einer doppelten Parallele umschlossen, einer lebendigen Mauer vergleichbar, die deutschen Heere den Rest der französischen Armee, welcher sich auf die enge Festung zurückgeworfen hatte. Hier und da brannten Dörfer oder Weiler; an mehreren Stellen rangen noch kleinere Heeresabteilungen. Von der Höhe bei Frenois aus, wo der deutsche Oberfeldherr König Wilhelm von Preußen und das große deutsche Hauptquartier sich befanden, übersah man die Stadt und erwartete jeden Augenblick, die Parlamentärflagge auf einem der Türme aufgezogen zu sehen. Da sie sich nicht zeigte, wurde Befehl zur Beschießung der Stadt gegeben. Bayrische Geschütze warfen 4½ Uhr die ersten Granaten in die Stadt, welche zündeten. In den Straßen von Sedan herrschte Entsetzen und Verzweiflung. Jeder suchte sich zu retten. König Wilhelm ließ gegen 5 Uhr das Bombardement einstellen und sandte den Oberstlieutenant von Bronsart vom großen Generalstabe mit einer weißen Fahne nach Sedan. Er hatte den Auftrag, Festung und Armee zur Kapitulation aufzufordern. Die Notwendigkeit derselben hatte Napoleon bereits erkannt. Bald darauf wurde das Stadtthor geöffnet und ein Parlamentär mit der weißen Fahne herausgeschickt.

Jetzt erst erkannten die deutschen Soldaten den ungeahnten großartigen Erfolg des Tages. Das Feuer verstummte, wie ein Lauffeuer verbreitete sich über Thäler und Höhen die Kunde von der bevorstehenden Kapitulation und der Anwesenheit des Kaisers in Sedan. Der Ruf: „Sieg! Sieg! der Kaiser ist da!" erfüllte die Lüfte. Tausende von Helmen, Tschackos und Feldmützen, tausende von Bajonetten und Säbeln wurden zum Abendhimmel erhoben und selbst die Verwundeten und Verstümmelten mischten ihre schwache Stimme in das Hurrageschrei und den Sieges=Jubelruf.

Gegen 7 Uhr, es begann schon zu dunkeln, kam von Sedan her der General Reille in Begleitung des Hauptmanns von Winterfeld und eines Ulanentrompeters mit einer Parlamentärflagge auf die Berghöhe zu, wo König Wilhelm stand, neben ihm sein Sohn, der Kronprinz, General von Moltke, Graf Bismarck, Kriegsminister von Roon und in weitem Halbkreis um ihn das übrige stattliche Gefolge von Fürsten und Generälen. Die Stabswache war hinter dem Gefolge aufmarschiert. General Reille übergab mit den Worten: „Das ist der einzige Auftrag, den mir mein Kaiser übergeben hat" einen Brief Louis Napoleons, worin dieser sich zum Gefangenen erklärte. Während der König auf einem vom Major von Alten in die Höhe gehaltenen Stuhl die Antwort schrieb, sprachen der Kronprinz, Graf Bismarck und General Moltke mit dem kaiserlichen Abgesandten. General Moltke rief zugleich die Generalstabsoffiziere zu sich, hielt eine kurze Anrede, dankte für ihre Bemühungen und schüttelte einem jeden von ihnen die Hand.

Graf Bismarck trat zu dem amerikanischen Gesandten She=

ridan und den englischen Berichterstattern und begrüßte sie herzlich. „Meinen aufrichtigen Glückwunsch", sagte Sheridan, „ich kann die Übergabe Napoleons nur mit der des Generals Lee im Gerichtshause zu Appomatox vergleichen." „Sie müssen sich stolz fühlen", sagte einer der Engländer, „so reichlich zu dem heutigen Siege beigetragen zu haben." Graf Bismarck sagte: „O nein! ich bin kein Stratege und habe nichts mit Schlachtengewinnen zu thun. Aber ich bin stolz, daß die Bayern, die Sachsen und Württemberger heute nicht nur auf unserer Seite standen, sondern auch einen so großen Anteil an dem Ruhme des Tages hatten. Daß sie mit uns, nicht wider uns sind, das ist mein Werk. Die Franzosen werden nun nicht mehr sagen können, daß die Süddeutschen nicht für unser gemeinsames Vaterland kämpfen würden."

Dann ritt General Reille zurück nach Sedan mit des Königs Wilhelm Antwortschreiben. Der König fuhr hierauf nach seinem Hauptquartier Vendresse, auf der Straße überall von stürmischen Hurras der Truppen begrüßt, welche die Nationalhymne anstimmten. Vendresse war illuminiert. In den Straßen standen die zum Hauptquartier gehörigen Soldaten und hatten Spalier gebildet und Lichter in den Händen. Die Musik spielte „Heil Dir im Siegerkranz" und dann einen Trauermarsch, geweiht den Tapferen, die den Heldentod gefunden hatten. An den Fragen der Soldaten, welche vom Schlachtfelde heimkamen und über den Ausgang bis ins einzelnste unterrichtet sein wollten, konnte man merken, daß sie den tiefen Gedanken dieses weltgeschichtlichen Tages vollkommen erfaßt hatten. Das eine Gefühl beseligte alle: der Stolz, mitgewirkt zu haben an einem Siege, der durch seine tiefe Rückwirkung auf die Weltverhältnisse in der deutschen Geschichte kaum seines Gleichen hat.

Die Nacht war erhellt von dem Brande mehrerer Dörfer und einiger Häuser in Sedan. Auf allen Höhen rings um die Stadt brannten die Wachtfeuer der deutschen Truppen. Dieser breite Feuergürtel war eine furchtbare Drohung für die eingeschlossene französische Armee.

Am folgenden Tage fand sowohl zwischen Bismarck und Napoleon eine Unterredung in Donchery als auch zwischen letzterem und König Wilhelm im Schlosse Bellevue bei Frenois statt. Erstere beschrieb der große deutsche Staatsmann dem sächsischen Kronprinzen bei dessen Besuch in Donchery, dem Hauptquartier des preußischen Kronprinzen, am 3. September, wie eine Unterhaltung, welche ein Tänzer mit einer ihm sehr gleichgiltigen Dame im Kotillon zu führen pflegt. Am 2. September übergab der gefangene Kaiser auch seinen Degen, welchen König Wilhelm dem Kadettenkorps in Berlin zum Geschenk machte und ihn dort neben einer anderen glänzenden Trophäe, neben dem bei Waterloo erbeuteten Degen Napoleon I., aufhängen ließ. Am 3. September aber trat Louis Napoleon die Reise nach Wilhelmshöhe bei Kassel an, wo er am Abend des 5. September eintraf. In Wilhelmshöhe, wo sieben Jahre lang deutsches Recht mit Füßen getreten wurde und der berüchtigte König „Lustik", König Jerome, mit unerhörter Gewalt und Frivolität geschwelgt und gepraßt hatte, ging der Stern der Napoleoniden auf immer unter. Von hier aus führte der Weg des gefangenen Franzosenkaisers in die Fremde, ins Exil. Die Weltgeschichte ist das Weltgericht!

Von der Kaiserschlacht von Sedan und ihren Helden wird noch erzählt werden, wenn die Gräber der jetzt lebenden Generation längst eingesunken sein werden landauf und landab im deutschen Reiche. Auch die Sachsen mit ihrem streitbaren König waren dabei, auch das sächsische Rautenkranzbanner wurde dort, gleich den preußischen, bayrischen und württembergischen Feldzeichen, den zum Siege stürmenden Infanterie-Bataillonen vorangetragen, auch die sächsischen Geschütze läuteten mit ihrem Kanonendonner dem französischen Kaiserreiche zu Grabe, auch die schneidigen Klingen der sächsischen Reiter-Regimenter riefen den feindlichen Scharen, welche die eiserne deutsche Umarmung zu durchbrechen suchten, ein grimmiges „Zurück!" entgegen. Wir aber, die jenen siegesgewaltigen Feldzug mit eigenen Augen geschaut, in welchem tausende mit Freuden Gut und Blut fürs deutsche Vaterland geopfert, wir wollen und müssen den Tag von Sedan als nationalen Festtag des neuerstandenen, auch von Sachsen und seinem König Albert mit aus der Taufe gehobenen deutschen Kaiserreichs hoch und heilig halten allewege und ihn als teures Vermächtnis aus großer Zeit kommenden Geschlechtern überliefern.

Der Überfall in Etrepagny
am 30. November 1870.

> Das war gar eine schlimme Nacht,
> Die die Sachsen zugebracht,
> Als ungelad'ne Gäste,
> In dem falschen Neste,
> Etrepagny hieß die Stadt,
> Wo den Tod gefunden hat:
> Mancher tapfre Reiter,
> Mancher wackre Streiter!
>
> Max Dittrich.

Das Kriegsglück ist wechselnd und selbst in dem siegreichsten Feldzuge giebt es schwarze Blätter, welche erzählen von herben Verlusten. Das erfuhren auch die Sachsen in dem an seltenen Erfolgen für die deutschen Waffen so überreichen Feldzuge gegen Frankreich 1870/71 und wer von ihnen die blutige Schreckensnacht von Etrepagny mit durchlebt hat, wird dieselbe nicht vergessen, so lange seine Augen noch offen stehen. Und darum mag in diesen Blättern dem Berichte von diesem trüben Kriegsereignisse ebenfalls ein Platz eingeräumt werden.

Als im letzten Drittel des November die vom General von Manteuffel befehligte I. deutsche Armee östlich an der sächsischen Kavallerie-Division vorbei auf Amiens vorging, erhielt letztere Befehl, sich nach Westen gegen Rouen zu schieben. Zur Vertreibung des Feindes aus dem vor dem Epte-Abschnitte liegenden Gelände war von dem Kommando der sächsischen Kavallerie-Division eine Expedition gegen Econis für notwendig erkannt und für den 30. November angeordnet worden, nachdem am 27. die vorgesandten Patrullen gemeldet, daß sie früh in Etrepagny auf eine feindliche Husaren-Patrulle gestoßen wären, 4 Kilometer dahinter eine feindliche Feldwache und etwa 2 Kilometer weiter eine größere Abteilung stünde, auch am 28. November bei Les Thilliers ein Zusammenstoß sächsischer Kavallerie mit feindlicher Infanterie (1. Bataillon der Oise) nebst 2 Geschützen und einem Zug Chasseurs erfolgt war, bei welchem die Franzosen aus Les Thilliers geworfen und über Richeville hinaus gegen Econis verfolgt worden waren.

Am 29. November brachen zwei Detachements von je 2 Kompagnien Leibgrenadiere, 2 Eskadrons (Gardereiter und Ulanen) und 2 reitenden Geschützen unter dem Oberst von Rex aus Gisors und dem Oberstlieutenant von Trosky aus St. Clair in der angegebenen Richtung auf. Das auf die südliche Straße gewiesene Detachement unter Oberstlieutenant von Trosky stieß bei Voisemont auf französische Infanterie, welche in der Stärke von etwa 3 Kompagnien das nächste Dorf St. Jean de Frenelle besetzte. Hauptsächlich durch Artillerie=Feuer wurde der Feind vertrieben, noch ehe die zur Unterstützung herbeigekommene Avantgarde des nördlichen Detachements unter Oberst von Rex zum Eingreifen gelangte. Nach vollständigem Abzuge des Feindes quartierten sich beide Kolonnen in Les Thilliers und Etrepagny ein. Beide wurden in der darauf folgenden Nacht angegriffen, und zwar vom General Briand mit 10 000 Mann, reguläre Truppen und Mobilgarden.

Auf Les Thilliers erfolgte der Angriff nachts 3 Uhr. Das dortige Detachement, bestehend aus 2 Kompagnien Leibgrenadieren, 2 Eskadrons des 18. Ulanenregiments und 2 Geschützen der ersten reitenden Batterie unter dem Kommando des Oberstlieutenants von Trosky, bemerkte aber das Nahen des Feindes noch rechtzeitig. Die Feldwache und das Gros der Infanterie empfingen ihn mit einem so heftigen Feuer, daß die aus 3500 Mobilgarden bestehende Kolonne nach mehrfachem Anlaufen umdrehte und sodann nicht wieder gesehen wurde.

Schlimmer lief die Sache in Etrepagny ab, wo unter Befehl des Obersten von Rex folgende sächsische Truppen lagen: 2. und 5. Kompagnie des 1. (Leib=) Grenadier=Regiments unter den Hauptleuten von Einsiedel und von Keller, die 3. Eskadron des Gardereiter=Regiments, die 2. Eskadron des 17. Ulanen=Regiments und 2 Geschütze der 2. reitenden Batterie.

Gegen 6 Uhr abends waren die Sachsen in Etrepagny eingetroffen, einem Städtchen von etwa 1600 Einwohnern mit Eisenbahnstation und Fabriken für Wollen= und Baumwollenwaren,

sowie für Spitzen, man treibt dort auch lebhaften Handel mit Ge=
treide und Hanf. Eine breite Straße zog sich durch die Stadt, die
Höfe und Gärten waren nach landesüblicher Weise von steinernen
Mauern eingefaßt; inmitten des Ortes, auf einem freien Platze
stand die Kirche und schrägüber die Mairie (= Bürgermeisteramt).
Das Städtchen machte mit seinen hübschen Häusern einen recht
freundlichen Eindruck. Und welch eine furchtbare Nacht sollten die
Sachsen dort erleben! Es ist erklärlich, daß die Soldaten nach
den Strapazen des Tages den Schlaf des Gerechten schliefen, ihren
Schutz dem lieben Gott und der Wachsamkeit der ausgestellten
Posten überlassend. Immerhin war jedoch, da man den im Orte
ziemlich zahlreich vertretenen Fabrikarbeitern nicht recht traute, Alarm=
bereitschaft angeordnet und die Weisung erteilt worden, auf der
Hut zu sein.

Als Geschützplatz diente der Markt, zwischen Mairie und Kirche.
Jede einzelne Abteilung, mit Ausnahme der 2. Ulanenesladron,
welche 3 Ställe bezog, wurde ungetrennt in einem Gehöfte oder in
einem Hause untergebracht. Die Mannschaften der beiden Geschütze,
an Zahl 35, mit 49 Pferden, kamen in das Hotel „de lion d'or"
(= der goldene Löwe), dem Geschützplatz gegenüber, zu liegen, wo=
selbst auch Oberst von Rex und verschiedene andere Offiziere ein=
quartiert waren. Von den beiden Eskadrons blieb je ein Zug ge=
sattelt; von der Infanterie trat eine Wache von 1 Offizier und
44 Mann auf, welche die Eingänge und die Umfassung des Ortes
besetzte, beziehentlich durch fortwährenden Patrullengang beobachten
sollte. Ein Teil der 5. Kompagnie der Leibgrenadiere lag nahe
am Eingange zur Stadt in einem schmalen vierstöckigen Hause,
einem ehemaligen Mädcheninstitut mit einer ganz schmalen Treppe,
und hatte die Gewehre auf Befehl des Detachementskommandanten
vor dem Hause in Pyramiden ansetzen müssen.

Gegen Etrepagny führte General Briand selbst seine aus
5000 Mann, 2 Eskadrons und 10 Geschützen, einschließlich 2 Mitrail=
leusen, bestehende Hauptkolonne. Die Franzosen drangen schon
1½ Uhr früh in die Stadt und folgten der mit der Meldung von
der Annäherung des Feindes dorthin zurückjagenden Ulanen=Patrulle
auf dem Fuße; den Sachsen blieb kaum so viel Zeit, um das
Alarmsignal erschallen zu lassen.

Der sich entspinnende Straßenkampf entzog sich jeder Leitung, da er nur in einzelnen Gruppen ausgefochten wurde. Die Franzosen hielten die Eingänge besetzt und die Sachsen mußten zusehen, wie sie sich durchschlugen. Überall krachten die Salven der Chassepots und auch aus den erleuchteten Fenstern blitzten die Schüsse der sich am Kampfe beteiligenden Einwohner. Überall knatterte betäubendes Schnellfeuer, überall erschallten die Rufe En avant! (= Vorwärts!) die Frage Qui vive? (= Wer da?) und die Aufforderung Rendez vous! (= Ergebt Euch!) Durch Fenster, Thüren, Gänge und durch den Hof der Häuser drangen Schüsse in dieselben, der Feind rückte, durch ortskundige Führer geleitet, in dichten Kolonnen an und unter heftigem Feuer immer weiter vor. Der Angriff erfolgte von dem Stadteingange aus, in dessen Nähe sich das ehemalige Mädchenpensionat befand, wo, wie erwähnt, ein Teil der 5. Kompagnie vom Leibgrenadier-Regiment lag; die Gewehrpyramiden vor dem Hause fielen in die Hände der Franzosen, welche dort auch zirka 80 Grenadiere zu Gefangenen machten, weil auf der einzigen engen Treppe nur ein Mann hinter dem andern herabkonnte und die Franzosen sich am Fuße derselben mit dem gefangenen Regimentsadjutanten von Löben in der Mitte aufstellten, unter der Drohung ihn erschießen zu wollen, wenn sich die oben befindlichen Leute nicht ruhig ergeben würden.

Zu dieser Zeit befand sich der Führer der Kompagnie, Hauptmann von Keller, welcher sich in der Befürchtung eines feindlichen Angriffs, der Wache mit seinen Offizieren und einigen Leuten angeschlossen hatte, nachdem er sich persönlich durch die französische Infanterie durchgeschlagen hatte, in der Nähe des Detachementskommandanten und bald hinter dem Orte, von wo aus er mit einer Abteilung die Nordseite von Etrepagny angriff, auf die Umgehungstruppen des Feindes stieß. Bei diesem Angriffe, 70 Meter vom Orte entfernt, wurde Hauptmann von Keller durch ein Chassepot-Geschoß schwer verwundet und mußte mit seiner kleinen Abteilung — 6 Rotten — wieder zurück; er selbst blieb 150 Meter vor dem Orte auf freiem Felde liegen, unter einem Kugelhagel, den die Franzosen dorthin sandten, in der Meinung, die kleine Abteilung Sachsen stehe noch dort. Der durch Zerstörung des linken Hüftgelenks schwer verwundete Offizier wurde am andern Morgen ganz steif gefroren bei einer Kälte von 2 Grad von Angehörigen des belgischen internationalen Vereins aufgefunden und nach Écouis, später nach Gisors gebracht, auch entgegen aller medizinischen Erfahrung völlig wiederhergestellt, so daß er noch volle 14 Jahre Dienst in der Armee zu leisten vermochte.

Auch die 2. Leib=Grenadier=Kompagnie hatte unter Führung ihres Hauptmannes versucht, die Franzosen zurückzutreiben. Sie war in einem etwas gedeckteren Gebäude, dem Schlosse, untergebracht gewesen, darum in wenigen Minuten gesammelt und alsbald geschlossen mit „Hurra!" gegen die Hauptstraße vorgegangen und erst an einer Biegung derselben, wo der Feind sich mit überlegenen Kräften festsetzte, durch das heftige Feuer desselben aufgehalten worden. Nachdem die Kompagnie sich in einer Nebenstraße zusammengezogen hatte, ging sie zu erneutem Angriff vor, wobei Hauptmann von Einsiedel fiel. Wiederholte Versuche, wenigstens die Leiche des gefallenen Kompagniechefs dem Feinde zu entreißen, waren vergebens. Zu dem Zwecke, ein verlorenes Geschütz zu retten, ging eine starke Abteilung der 2. Kompagnie, vereint mit Artilleriemannschaft, erneut gegen die andere Richtung der Straße vor, ohne indes den erwähnten Zweck zu erreichen, da der Feind inzwischen auch von dieser Seite ein ebenso heftiges als überlegenes Feuer eröffnet hatte. Nachdem sich im Rücken der Kompagnie eine größere Anzahl Reiter, das übrig gebliebene Geschütz, sowie einzelne Versprengte gesammelt hatten, trat die Kompagnie, Reiterei und Artillerie in die Mitte nehmend, auf dem einzigen noch übrig gebliebenen Seitenausgang hinter der Kirche in der Richtung auf Gisors zu den Rückzug aus Étrépagny an.

Die beiden Eskadrons des Gardereiter= und Ulanenregiments, von denen die erstere in einem großen Gehöft, die letztere in drei Ställen untergebracht war, wurden gleichfalls erst durch die von allen Seiten hereinbringenden Schüsse alarmiert, welche z. B. in dem größten Stall, in welchem 99 Pferde standen, schon die Streu in Brand gesetzt hatten, während noch die Pferde darauf standen. Sobald die Reiter aufgesessen waren, eilten sie auf die Straße hinaus und suchten sich zu formieren. Bei dem unaufhörlichen, von allen Seiten eindringenden Feuer, bei der Dunkelheit und dem durch reiterlose Pferde ꝛc. vermehrten Tumult konnte jedoch eine Formation der Eskadrons in den engen Straßen nicht gelingen. Es blieb denselben daher nur übrig, in einzelnen Abteilungen sich durch die dicht vom Feinde besetzten Straßen Bahn zu brechen, die Franzosen niederzureiten und so das Freie zu gewinnen. Viele Züge außerordentlicher Tapferkeit von Offizieren, Unteroffizieren und Mannschaften bedeckte die Dunkelheit der Schreckensnacht von Etrepagny. Obwohl schon beim Satteln die feindlichen Kugeln in die Ställe pfiffen, wurden von den sächsischen Gardereitern und Ulanen weder Waffen noch Ausrüstungsstücke im Stiche gelassen.

Lieutenant von Posern führte einen Trupp von Gardereitern und Ulanen gegen die französischen Bajonette; sein Pferd stürzte, er verlor den Helm, bereits sah er ein feindliches Gewehr auf sich gerichtet, als, seine letzte Kraft zusammenraffend, er dasselbe bei Seite schlug, seinen Helm erreichte, sich glücklich auf das aufspringende Pferd schwang und sich Bahn brach. Lieutenant von Stralenheim wurde beim Durchbrechen des Feindes schwer am Arme verwundet.

Noch sieben Stunden hielt er sich, trotz Blutverlust und Schwäche, auf dem Pferde, ehe ihm in Dangu der erste Verband angelegt werden konnte. Dem Eskadronschef Rittmeister Platzmann gelang es nur mit Mühe, sich der Gefangenschaft zu entziehen und nach Les Thilliers zu entkommen. Auf seine braune Stute konnte sich der alte Wachtmeister Krug verlassen; ihr die Sporen fest in die Rippen drückend, sprengte er mitten durch die französische Infanterie und gelangte unverletzt in Sicherheit. Wo die Säbel der sächsischen Gardereiter und Ulanen niedersausten, da fielen die Franzosen wie Mohnköpfe rechts und links. Ganz besonders furchtbar machte sich Trompeter Hermann von der 2. reitenden Batterie dem Feind bemerkbar, der zu Pferde wie toll und rasend um sich schlug, aber zuletzt vom Pferde gestochen wurde und in Gefangenschaft geriet. In jenem blutigen Handgemenge fiel auch der jugendliche bei Beginn des Feldzugs als Freiwilliger beim Gardereiter-Regiment eingetretene Majoratsherr von Lichtenwalde, Graf Vitzthum von Eckstädt, nur mit Unterhosen, Mantel und Stiefel bekleidet, nach tapferer Gegenwehr, den Säbel in der Faust.

Die 2. reitende Batterie verlor leider ein Geschütz. Während die Kanoniere auf die Franzosen einschlugen, hatten die Stangenreiter eingespannt und suchten mit den Gardereitern einen Ausweg nach Elsors; mit einem Geschütz kamen sie durch, das andere und zwei Munitionswagen mußten sie zurücklassen, die Feinde hatten alle Fahrer heruntergeschossen und in einem unentwirrbaren Knäuel lagen tote und verwundete Pferde und Reiter untereinander. Die Pferde suchten sich in ihrem Schmerz von den sie umschlingenden Strängen und Geschirrteilen zu befreien und die todeswunden Reiter hauchten ihren Geist häufig unter der Last und den Hufen ihrer Pferde aus; dem einen Stangenreiter stand das linke Rad der vollständig geladenen Protze auf dem Körper und wütend schlug sein Handpferd, welches einen Stich in den Hals erhalten hatte, um sich.

Der Verlust an Toten, Verwundeten und Gefangenen betrug etwa 100 Mann und 70 Pferde. An Offizieren war tot: Hauptmann von Einsiedel, verwundet und gefangen: Hauptmann von Keller, beide vom 1. Grenadierregiment Nr. 100; verwundet waren ferner die Sekondlieutenants Kirchhoff vom 1. Grenadierregiment Nr. 100 und von Stralenheim vom Gardereiterregiment; gefangen Premierlieutenant von Löben vom 1. Grenadierregiment Nr. 100, und Sekondlieutenant Häbler vom Gardereiterregiment. Die Stadt Etrepagny wurde am nächsten Tage wieder von den deutschen Soldaten besetzt und wegen der verräterischen Teilnahme der Einwohner an dem Überfall in Brand gesteckt. Das ist der Krieg!

Bei Champigny und Villiers
am 30. November und 2. Dezember 1870.

> Sieg! Sieg! Hurra, es ist vollbracht:
> Vor Paris sind gesperrt die Straßen,
> Bezwungen ist die Übermacht,
> Zum Sammeln wird geblasen.
> Hell klingt das Horn durch Berg und Thal,
> Die es ruft, die liegen am Boden,
> Die Sterbenden ruft es zum letztenmal
> Und die Toten grüßt es, die Toten!
>
> Max Büttner.

„Ich wünsche Dir herzlich Glück zu den neuen, wenn auch blutigen Ehrentagen Deiner beiden Söhne." Diese kurze aber vielsagende Depesche richtete der deutsche Oberbefehlshaber, König Wilhelm von Preußen, anfangs Dezember 1870 an König Johann von Sachsen nach den zweitägigen heißen Kämpfen, welche die württembergischen und sächsischen Truppen am 30. November und 2. Dezember vor Paris zwischen Seine und Marne bei Champigny, Brie und Villiers zu bestehen gehabt hatten und den Durchbruch der Franzosen unter General Ducrot nach der Loire vereitelten. Jene beiden Tage bilden stolze Ruhmesblätter in dem vollen Ehrenkranz, den die vom Kronprinzen Albert und dessen Bruder, Prinzen Georg, geführten Truppen des XII. Armeekorps 1870/71 draußen im Frankenlande pflückten; sie verschlangen aber auch manchen tapferen und braven Soldaten, welcher die Heimat nicht wiedersah.

Die Verluste in jenen Kämpfen waren geradezu enorm; sie bezifferten sich auf 57 Offiziere und 1447 Mann preußischerseits, 23 Offiziere und 818 Mann württembergischerseits und 51 Offiziere und 1217 Mann sächsischerseits. Allein das Schützenregiment Nr. 108 bezahlte die Ehre des Tages mit 13 toten und 24 verwundeten Offizieren, 121 toten und 417 verwundeten Unteroffizieren und Soldaten, während sich die Zahl der Vermißten auf 96 bezifferte. Ferner büßten ein: das 2. Jägerbataillon Nr. 13 durch Tod und Verwundung 58 Mann, 1 Offizier tot, das 3. Bataillon vom 1. (Leib=) Grenadier=Regiment 13 Mann, davon 3 tot, das Feldartillerie=Regiment Nr. 12 zwei Verwundete, das Pionierbataillon Nr. 12 einen Toten und das Sanitätskorps 2 Verwundete. Das 8. Infanterie=Regiment Nr. 107 kehrte am 2. Dezember mit einem Verluste von 480 Mann aus dem Kampfe zurück und hatte bereits zwei Tage vorher 146 Mann verloren. Das 7. Infanterie=Regiment „Prinz Georg" Nr. 106 büßte 413 Mann ein, davon 69 tot und das 5. Infanterie=Regiment „Prinz Friedrich August" Nr. 104 hatte am 30. November 29 Tote, 139 Verwundete und 49 Vermißte zu beklagen. Die Franzosen verloren an beiden Tagen 4 Generäle, 13 Regimentskommandeure, 21 Bataillonskommandeure, 120 Kompagniechefs, mehr als 200 Lieutenants und über 10 000 Mann an Toten und Verwundeten.

An beiden Tagen überschüttete der Feind aus den gegenüberliegenden Forts und von der Flanke her aus den auf dem Mont Avron neu errichteten Festungsbatterien das ganze Schlachtfeld mit Granaten, und Preußen, Sachsen, Württemberger erlitten daher in den mit größter Tapferkeit durchgeführten Angriffen zum Teil stärkere Verluste, als in den großen Feldschlachten. An der Schlacht nahmen teil: 18 preußische, 16 sächsische und 5 württembergische Bataillone, 4 sächsische und 4 württembergische Eskadrons, 11 preußische, 6 sächsische und 3 württembergische Batterien. Am 30. November wiesen circa 10 000 Sachsen und Württemberger den dreimaligen Angriff von zusammen 100 000 Franzosen glänzend ab und auch am 2. Dezember, an welchem Tage durch die herangezogenen deutschen Verstärkungen — 24. Division und II. Armeekorps — etwa 45 000 Deutsche mit 162 Geschützen der noch circa 100 000 Mann starken Armee Ducrots gegenüberstanden, behaupteten die Deutschen die Stellung Champigny-Villiers mit zähester Ausdauer. Das Wetter war an beiden Tagen bitterkalt und sonnenhell, auch die dazwischenliegende Nacht empfindlich kalt und mondhell und die im Freien ohne Stroh biwakierenden deutschen Truppen, wie z. B. das Schützenregiment Nr. 108, welche weder Lagerfeuer noch Zigarren anbrennen durften, um nicht die Aufmerksamkeit des Feindes auf sich zu ziehen, kauerten fröstelnd und fast erstarrend auf dem gefrorenen Boden.

Bereits seit dem 17. November war zur Unterstützung der zwischen Seine und Marne aufgestellten württembergischen Division die 24. Infanteriedivision des XII. Armeekorps derart auf beiden Seiten der Marne aufgestellt worden, daß dieselbe sowohl für die 23. Infanteriedivision, als auch für die württembergische Division als Reserve dienen konnte und die Vorposten bei Brie sur Marne und vor Chelles besetzte. Nachdem aber die Anzeichen sich wiederholten, daß vom Champ de manoeuvre aus, überhaupt in südlicher Richtung, ein Ausfall stattfinden könnte, wurde am 29. November durch das Oberkommando der Maasarmee, dem auch die württembergische Felddivision seit 16. November unterstellt war, der Befehl gegeben, die ganze 24. Infanterie-Division am 30. November auf das linke Marneufer zu werfen, die Vorposten links bis mit Champigny zu übernehmen und nach wie vor die Hauptmasse der Division als Reserve bereit zu halten. Dafür übernahm die 23. Division die Zernierungsstrecke Clichy-Chelles und das Gardekorps dehnte sich bis Livry aus.

Die Befehle zu diesen Veränderungen der Stellungen gingen den Truppen abends spät zu und auf Wunsch des Generallieutenants von Obernitz, Kommandeurs der württembergischen Felddivision, erfolgte die Ablösung der württembergischen Vorposten in Champigny durch das vom Major Thierbach befehligte 1. Bataillon des 8. Infanterie-Regiments Nr. 107 schon morgens 5 Uhr. Die 47. Infanterie-Brigade (Regimenter 104 und 105) war seit 7 Uhr morgens in Bewegung, um die neuen Stellungen einzunehmen, und die 48. Brigade (Regimenter 106 und 107) stand von derselben Stunde an in Alarmstellung in Noisy und rückwärts, weil schon tags vorher der Feind starke Truppenmassen aller Waffen, so bei Rosny drei Brigaden Linieninfanterie, aus der Stadt in das Außengelände der Forts verlegt hatte.

Die Franzosen beabsichtigten bei diesem größten und wichtigsten Ausfalle während der Belagerung von Paris, sich in den Besitz von Lagny zu setzen, das für die deutsche Belagerungsarmee von allergrößter Wichtigkeit war, da hier das gesamte deutsche Kriegsmaterial, Mannschaften, Geschütze, Munition, Verpflegungsmittel zur Ausladung kamen. Nach der Wegnahme von Lagny wollte die französische Armee sich dann gegen Süden wenden und mit der im Anmarsch von Orleans befindlichen Entsatzarmee sich vereinigen.

Fast die ganze Nacht hindurch unterhielten die südlichen und südöstlichen Forts eine sehr heftige und ununterbrochene Kanonade und um 7 Uhr morgens eröffnete eine auf dem südlichen Teile des Mont Avron errichtete schwere Batterie ihr Feuer gegen Brie, Noisy, Gournay, die dortige feste Brücke und Chelles. Von Tagesanbruch an bewegten sich die nördlich Rosny stehenden Linientruppen dem Marnethale zu und eine Lokomotive mit zwei gepanzerten Lowrys, auf denen je ein Geschütz stand, wurde auf der Bahnlinie Paris=Mülhausen wahrgenommen.

Der französische Oberbefehlshaber, General Ducrot, welcher den bevorstehenden Ausfall der II. Armee in einer feurigen Proklamation angezeigt hatte, die mit den Worten schloß: „Was mich betrifft, so bin ich entschlossen und ich schwöre es vor Euch und der ganzen Nation, nur tot oder siegreich nach Paris zurück zu kehren; Ihr könnt mich fallen, werdet mich aber nie zurückweichen sehen!" ließ am Morgen des 30. November unter wahrhaft betäubendem Feuer der Forts bei Brie und Champigny zahlreiche Brücken über die Marne schlagen und unter dem Schutze der Festungsgeschütze, gedeckt durch starken Nebel, sein Heer bei Joinville, Brie und Neuilly über die Marne führen.

Morgens 8½ Uhr standen vier französische Divisionen mit 30 Feldbatterien auf dem linken Marneufer zwischen Poulangis und Tremblay, nur einige hundert Meter von den deutschen Stellungen entfernt, versammelt, während bei Neuilly ein Armeekorps bereit stand, sich auf den rechten Flügel der Deutschen zu stürzen und eine Division von Creteil aus gegen die deutschen Stellungen bei Mont Mesly vorgehen sollte. General Ducrot ließ die Division Faron gegen Champigny und Chennevières, die Division Malroy gegen le Plant und Cocuilly, die Division Berthaut und Maussion gegen Villiers vorgehen, welches von Norden her durch das Korps Exéa angegriffen werden sollte.

Alle Divisionen erhielten Befehl, als Hauptangriffspunkt den Park und das Dorf Villiers zu betrachten.

Diesen zum Angriff auf eine Front von 4 Kilometern bestimmten 6 französischen Divisionen mit 42 Feldbatterien hatten die Deutschen nur wenig Truppen entgegen zu stellen. Man wußte zwar im großen Hauptquartier zu Versailles mit Sicherheit, daß ein großer Ausfall gegen die Stellungen der Württemberger beabsichtigt war und darum hatte die 24. Division am 29. November Befehl erhalten, auf das rechte Marneufer zu gehen und die württembergischen Vorposten in der Linie Noisy-Champigny am 30. November früh abzulösen, während eine Brigade Preußen bei Choisy le Roi zur Unterstützung des linken Flügels der Württemberger bereit sein sollte. Allein am Morgen des 30. November hatte nur die 4. sächsische Infanterie-Brigade Nr. 48 bei Gournay die Marne überschritten und 1½ Bataillon zur Ablösung der württembergischen 1. Brigade vorgesandt, welche in der Dunkelheit nach Brie, le Plant und Champigny marschierten und dort unter einem Granatregen die Stellungen der Württemberger übernahmen. Der Rest der sächsischen Brigade war im Anmarsch von Gournay. Schließlich standen auf der ganzen Linie von Noisy-Gournay bis Chennevières nur 5 württembergische, 6 sächsische Bataillone, sowie 3 württembergische und 2 sächsische Batterien zum Empfange des Feindes bereit. Nach Tagesanbruch wurde das Geschützfeuer der Franzosen immer heftiger. Die Dörfer Villiers, Coeuilly, Champigny und Chennevières wurden mit Granaten buchstäblich überschüttet. Endlich gegen 8½ Uhr gab General Ducrot seiner Infanterie den Befehl zum Vorrücken.

Die Division Maussion fand den Eisenbahndurchgang versperrt. General Ducrot legte persönlich Hand an, die Sperre wegzuräumen. Nach kurzer Zeit gelingt dies und nun ging die Division zu beiden Seiten der Hauptstraße mit 2 Regimentern im 1. Treffen, 2 Regimentern im 2. Treffen gegen Villiers vor. Die in le Plant stehende schwache Abteilung Sachsen mußte der Übermacht weichen. Gleichzeitig mit der Division Maussion ging zu beiden Seiten der Eisenbahn die Division Berthaut vor, um Villiers von Süden her anzugreifen. Hier hatten die Württemberger ihre Verteidigungsstellung eingenommen, als eine reitende

Ordonnanz die Nachricht von dem Angriff der Franzosen überbrachte. Das Bataillon Egloffstein hatte den Park besetzt, die Kompagnie Beck und Hansmann die Sandgruben zu Seiten des Bahndammes, die Kompagnie Wundt stand am alten Kirchhof, daneben eine sächsische Jägerkompagnie. Die Batterie von Wagner hatte die Geschützstände südlich vom Schloß Villiers besetzt. Als die französischen starken Schützenschwärme, dicht gefolgt von großen Massen, auf zirka 400 Meter herangekommen waren, blitzte vom Park von Villiers und aus den Sandgruben Schuß auf Schuß. Ein ununterbrochenes Schnellfeuer, untermischt von den Granaten der Batterie Wagner, sandte seinen Bleihagel in die französischen Reihen. Diese stutzten, wankten, machten endlich Kehrt und wurden mit Verlust von zahlreichen Offizieren und mehr als 900 Mann genötigt, hinter die deckende Höhe zurückzugehen.

Nun ließ General Ducrot an den Kalköfen und der Bahn 5 Batterien, an der Straße nach Villiers 3 Batterien auffahren, welche in einem nördlichen Geschützkampf mit der Batterie Wagner und die mittlerweile bei Coeuilly aufgefahrene Batterie Kurtz verwickelt wurden. In diesem mehrstündigen Kampfe erlitten die französischen Batterien furchtbare Verluste; mehrere Batterien wurden zum Abfahren gezwungen, allein an ihre Stelle traten stets neue Batterien aus der Reserve. Gegen 10 Uhr ließ General Ducrot von neuem die Divisionen Berthaut und Maussion gegen Villiers vorbrechen, aber wieder zerschellte ihr Angriff an dem Schnellfeuer der Deutschen und nochmals erlitten jene schwere Verluste. Hierbei hatten sich die Kompagnien Hausmann und Beck vollständig verschossen; sie mußten zurück und wurden von der Kompagnie Vischer und 2 sächsischen Kompagnien abgelöst.

Während so in der Mitte der Stellung der Kampf um Villiers entbrannt war, hatte auch auf dem rechten französischen Flügel die Division Faron den ersten Teil ihrer Aufgabe gelöst, aus Champigny im ersten Anlauf die Sachsen vertrieben, das Dorf selbst besetzt und nun den jenseitigen Dorfrand zur Verteidigung eingerichtet, damit aber kostbare Zeit verloren. Der württembergische General von Reitzenstein hatte in Ormesson Meldung von der Wegnahme von Champigny erhalten, den Truppen sofort Befehl erteilt, ihre Stellungen einzunehmen und war dann selbst nach Villiers gesprengt, um dort die Leitung der Schlacht zu übernehmen. In kurzer Zeit hatte Oberstlieutenant Knörtzer mit seinen Jägern den Jägerhof besetzt, rechts davon lag in den Schützengräben die Kompagnie Hoß vom Infanterie-Regiment „Königin Olga", während sieben andere Kompagnien dieses Regiments im Park von Coeuilly standen. Batterie von Peyer war im Galopp herbeigeeilt, hatte die Geschützstände am Jägerhaus besetzt und von hier aus die mit Truppen vollgepfropften Straßen von Champigny mit Granaten beworfen, wodurch die Franzosen bedeutende Verluste erlitten. Hier entstand nun eine kleine Gefechtspause, während welcher 3 Batterien der Division Faron mehrmals versuchten, am Jägerhaus aufzufahren, allein stets nach kurzer Zeit durch die württembergische Batterie und das Feuer der Infanterie zum Abfahren gezwungen wurden.

Gegen Mittag verstärkte General Ducrot seine Geschütze noch mehr und ließ an der Straße von Villiers weitere 4 Batterien auffahren, so daß nun nördlich der Bahn 8 französische Batterien auf 6—800 Meter vom Park von Villiers entfernt im Feuer standen. Die ganze Gegend, von den Kalköfen bis Brie, war in Feuer und Flammen gehüllt, vom Dorfe Nogent, von der Veste Nogent und vom Mont Avron herab feuerten die schweren Festungsgeschütze; unaufhörlich donnerten die Kanonen und warfen ihre Granaten auf Villiers und Coeuilly, allein zum Glück trafen auf deutscher Seite auch Verstärkungen ein. Schon bald nach 10 Uhr führte der sächsische Oberst von Abendroth das 2. und 3. Bataillon vom 7. Infanterie-Regiment Nr. 106 und die 3. leichte Batterie heran. Letztere fuhr am Kirchhof von Villiers auf, während 1½ Bataillon nördlich desselben Stellung nahm und 2 Kompagnien zur Unterstützung in die Sandgruben am Bahndamme gesandt wurden. Als dann gegen 11½ Uhr weitere sächsische Verstärkungen im Anmarsch waren, beschloß General von Reitzenstein nach kurzer Besprechung mit Oberst von Abendroth auf der ganzen Linie den Feind anzugreifen und wieder über die Höhe zurückzuwerfen.

Demgemäß gingen gegen 12 Uhr 1½ Bataillon Sachsen mit 2 Kompagnien Württemberger nördlich des Parkes von Villiers gegen die große französische Batterie vor, während aus dem

Parke von Coeuilly 5 Kompagnien des Regiments „Königin Olga" unter Oberst von Berger vorbrachen und am Jägerhof Oberstlieutenant Knörtzer 2½ Kompagnien Jäger, sowie die 6. Kompagnie des vorgenannten Infanterie-Regiments zum Sturm auf das Jägerhaus und die dortigen Batterien vorführte.

Aber auch die Franzosen hatten sich um diese Zeit zu einem erneuten Angriff entschlossen. Mit großer Mühe war es endlich dem General Faron gelungen, seine Division aus Champigny herauszuführen und jenseits des Dorfes zu entwickeln; 5 Regimenter führte er nun die Höhe am Jägerhaus heran. Hier trafen die Franzosen mit den Württembergern zusammen. Es entstand ein kurzes, äußerst heftiges Feuergefecht, Oberst von Berger nebst zahlreichen Offizieren des Regiments Olga fallen, in kurzer Zeit liegt die Hälfte der Mannschaft am Boden und schließlich muß das Regiment in den Park von Coeuilly zurück, von wo nun Major Heldenwang die unaufhaltsam nachrückenden Franzosen mit Schnellfeuer überschüttet. Dem linken Flügel der Württemberger war es gelungen, sich in den Schützengräben am Jägerhof dem feindlichen Angriffe entgegen zu stemmen und diesen zum Halten zu bringen.

Im Augenblicke der höchsten Gefahr trafen 2 Kompagnien des 5. Infanterie-Regiments „König Karl" und die 6. Batterie von Wagner II. ein, welche General von Obernitz nach Beendigung des Gefechts bei Mont Mesly zur Unterstützung gesandt hatte. Die Batterie protzte am Jägerhof ab, die Jäger im Vereine mit den Fünfern gingen erneut zum Angriffe vor. Es gelang ihnen, den feindlichen rechten Flügel vollständig zu umfassen und nun überschütteten sie dessen dichte Massen mit einem Kugelregen. Von allen Seiten beschossen, wich der Feind mit seinem rechten Flügel in Unordnung und mit Zurücklassung vieler Gefangenen auf Champigny zurück; langsam folgte auch der linke Flügel und so war der heftige Anprall der französischen Division abgewiesen.

Die vorerwähnten beiden Bataillone vom sächsischen Infanterie-Regiment Nr. 106 griffen gegen 12 Uhr die nördlich Villiers gelegene, vom Feinde besetzte Gelände-Welle an, zwangen eine auffahrende feindliche Batterie zum Umkehren und namentlich Major Brinkmann mit dem 3. Bataillon trieb die feindliche Infanterie gegen Brie zurück. Zwei feindliche Geschütze, schon genommen und mit der Regimentsnummer bezeichnet, konnten bei dem raschen Gange des Gefechts leider nicht weggeschafft werden und wurden nach dem zweiten Vorstoß nicht mehr vorgefunden.

Unterdes war auch von Melnoue her das Regiment 104 mit 10 Kompagnien, die 4. leichte Batterie und die 1. Eskadron des 2. Reiterregiments eingetroffen und auf erneute Bitten der Württemberger sandte Oberst von Abendroth das 1. Bataillon genannten Regiments, die 3. und 4. Batterie und die gedachte Eskadron unter Major von Schönberg gegen die Südseite von Villiers und gegen Coeuilly, während die übrigen 6 Kompagnien des Regiments 104 nördlich nachgesandt wurden. Während dieser ganzen Zeit wurde die Stellung der Sachsen bei Villiers in der rechten Flanke und im Rücken von dem verheerenden Feuer der feindlichen Regimenter, welche den Höhenrand von neuem erstiegen hatten, überschüttet; die Truppen schmolzen sichtlich zusammen, wichen und wankten aber keinen Augenblick.

Um 1½ Uhr ließ das Feuer bei Villiers nach, dagegen defilierte eine französische Brigade, von Rosny kommend, über eine bei Neuilly geschlagene Brücke und wandte sich gegen Noisy-le-Grand. Zur Sicherung des schwachbesetzten Ortes wurden das 1. Bataillon des Regiments 106 und das 3. Bataillon des 107. Regiments östlich und nördlich davon aufgestellt und die auf dem Höhenkamme nördlich Villiers stehenden 4 Bataillone der Regimenter 104 und 106 von dort bis in die Höhe des Kirchhofs von Villiers zurückgenommen. Der kommandierende General, Prinz Georg, auf den Höhen von Montfermeil, dann von Chelles haltend, hatte schon seit Mittag den demonstrativen Charakter des Vorgehens im rechten Marnethale erkannt und dem noch auf dem rechten Ufer bei Chelles zurückgehaltenen Teile der 47. Brigade daher die 4. Fußabteilung der Korpsartillerie unter Major von der Pforte, diese über Pomponne, nachgesandt, auch das Schützenregiment Nr. 108 und das 3. Bataillon des Leibgrenadier-Regiments Nr. 100 zur weiteren Unterstützung in Chelles und Gournay und die 3. Fußabteilung der Korpsartillerie auf der Höhe hinter Chelles aufstellen lassen.

Nun entbrannte ein furchtbarer Geschützkampf, der bis gegen 3 Uhr nachmittags mit unverminderter Heftigkeit wütete. Immer neue französische Batterien traten an Stelle derer, die sich verschossen hatten, oder zusammengeschossen waren. Auf deutscher Seite trafen gleichfalls, wenn auch nur schwache, Verstärkungen ein. Die sächsische Batterie Bucher war von Coeuilly wieder nach Villiers geholt worden, wo sie nördlich des Kirchhofs auffuhr. Auch frische Munition kam heran und so konnten die deutschen Geschütze trotz der großen feindlichen Übermacht ihre Stellung behaupten. Gegen 2 Uhr schon hatte der feindliche Oberfeldherr darauf verzichtet, den Angriff ohne Mitwirkung des Korps Exéa, welches trotz aller ihm gesandten Befehle nicht vorging, auszuführen und hatte Befehl erteilt, daß die Truppen sich in den genommenen Stellungen verschanzen sollten. Mitten im heftigsten Granatfeuer rückten nun die französischen Geniekompagnien an und begannen die Batterien einzugraben und die Stellungen zu verschanzen. Da hörte General Ducrot, der sich am Kalkofen aufhielt, gegen 4 Uhr heftiges Gewehrfeuer bei Villiers, er sprengte im Galopp dahin und fand daselbst die Division Bellemare, welche nach 2 Uhr den Übergang über die Marne zwischen Brie und Neuilly ausgeführt hatte und nun, ohne den anderen Divisionen von ihrer Absicht Mitteilung zu machen und entgegen dem ganz bestimmten Befehl, über Noisy auf Villiers loszugehen, im Hohlwege von Brie die Höhe erstieg und in gerader Richtung auf den Park von Villiers vorging.

Die Vorhut der Division, ein Bataillon vom 4. Zuaven-Regiment, stürzte sich in raschem Anlauf mit gefälltem Bajonett auf den Park los. Mörderisches Feuer empfing sie. In einigen Minuten hatte das Bataillon 16 Offiziere und mehr als 300 Mann verloren und wälzte sich in voller Auflösung zurück. Die Zuaven wurden von den anderen Regimentern der Division aufgenommen. General Bellemare ließ zwei seiner Batterien bis auf 400 Schritte an den Park herangehen und entwickelte unter ihrem Feuer 6 Bataillone zum Sturm. Auch General Ducrot, der einsah, daß er den Angriff der Division Bellemare nicht mehr aufhalten konnte, führte zwischen Bahndamm und Straße von Villiers 4 Bataillone der Division Berthaut, die er unterwegs zusammenraffte, heran und so stürmten wieder zehn französische Bataillone vor. Zur rechten Zeit eilten 3 Batterien der sächsischen Korps-

Artillerie herbei und nahmen nördlich von Villiers Stellung, während die sächsische Batterie mitten im Parke auffuhr. So überschütteten nun 6 Batterien in nächster Nähe von Villiers den heranstürmenden Feind mit Granaten; aus dem Park und den Sandgruben rollte das Schnellfeuer der Sachsen und Württemberger auf die vorstürmenden Massen, welche hierdurch sofort zum Halten und Zurückgehen gezwungen wurden. Zahlreiche Offiziere und gegen 2000 Mann kostete dieser letzte Massenangriff den Franzosen. Langsam erstarb das Gefecht auf der ganzen Linie und nur das 1. Bataillon vom Regiment 104 lag noch im Feuer.

Wie bereits mitgeteilt, war dasselbe nach 11 Uhr vormittags unter das Kommando der 1. kombinierten württembergischen Brigade unter Generalmajor von Reitzenstein getreten. Auf dessen Befehl, den Bahnhof von Villiers zu sichern, passierte die Truppe unter heftigem Granat= und Gewehrfeuer diesen Ort und erlöste die schwache württembergische Besatzung der Station aus ihrer peinlichen Lage. Mit entwickelten Schützenzügen gingen dann 2 Kompagnien längs des Bahndammes weiter vor, wobei es ihnen gelang, schnell unter günstiger Benutzung des Geländes in einigen vorwärts gelegenen Sandgruben festen Fuß zu fassen. Eine 3. Kompagnie wurde sofort von Villiers vorgezogen und nun dem Feinde durch ein fortgesetztes Schnellfeuer und Dank der daneben aufgefahrenen Batterie Bucher der Erfolg seiner Angriffsstöße, welche er mit starken Massen und unter Verwendung mehrerer Mitrailleusen versuchte, streitig gemacht.

Der starke Munitionsverbrauch machte eine zweimalige Ergänzung nötig, welche jedoch zuletzt deshalb nur unvollkommen bewerkstelligt werden konnte, weil der Munitionswagen zu seiner Neufüllung rückwärts nach Champs hatte dirigiert werden müssen. Büchsenmacher Kubitz schaffte sie herbei und leistete seiner Truppe dadurch große Dienste. In dieser kritischen Lage, während welcher bereits die wiederholte bringende Bitte um Unterstützung abgegangen war, wurde auch noch die letzte Reserve=Kompagnie des Bataillons aus Villiers in den mühsam dem Feinde abgerungenen Gelände=Abschnitt herangezogen und dann gegen 4½ Uhr unter Führung des tapferen Hauptmanns Emil Küstner, dessen 4. Kompagnie bei Sedan, wie schon an anderer Stelle erzählt, die einzige französische

Fahne eroberte, welche 1870/71 von dem sächsischen Armeekorps genommen wurde, in Kompagnie-Kolonnen der Feind, dessen Mitrailleusenfeuer zu schweigen begann, mit Hurra! angegriffen und auf le Plant zurückgeworfen. Die Stellung in den dortigen Weinbergen wurde trotz eines nochmaligen Vorstoßes des Feindes auch behauptet, worauf gegen 6 Uhr 2 Bataillone Württemberger als die ersehnte Unterstützung eintrafen. Das Bataillon hatte infolge der glücklichen Geländegestaltung nur wenig Verluste, darunter allerdings auch seinen Kommandeur, Hauptmann von Nostiz und Jänckendorf II.

Die Kämpfe am 30. November endeten mit einer totalen Niederlage der Franzosen. Auf einem Raume von nicht mehr als 4000 Meter Front-Ausdehnung waren im Laufe des Tages 65 französische Bataillone mit 156 Feldgeschützen, unterstützt von mehr als 100 Festungsgeschützen in Thätigkeit getreten und doch war der Durchbruch nach der Loire nicht gelungen. Der Angriff der Franzosen zerschellte an der Zähigkeit der Sachsen und Schwaben, die ihnen schwere Verluste beibrachten; führt doch Ducrot in seinem Werke über die Schlacht allein 17 Batterien namentlich auf, welche am 30. November zusammengeschossen wurden und genötigt waren, das Gefechtsfeld zeitweise oder ganz zu verlassen.

Alle beteiligten Truppen des XII. Armeekorps kämpften am 30. November mit unübertrefflicher Tapferkeit und erwarben sich die vollste Anerkennung der gemeinschaftlich mit ihnen und gleich tapfer kämpfenden württembergischen Regimenter. Zu dem glücklichen Erfolge des Tages trug ferner wesentlich die Geschicklichkeit bei, mit welcher Generallieutenant Nehrhoff von Holderberg, Kommandeur der 2. sächsischen Infanteriedivision Nr. 24, in oft bewährter Ruhe, Entschlossenheit und Tapferkeit und wirksam unterstützt von seinem Generalstabsoffizier Major von Tschirschky, das Gefecht leitete und sind unter den vielen Offizieren, die sich besonders hervorgethan, vornehmlich der Führer der 48. Infanterie-Brigade, Oberst von Abendroth, sowie der Major Brinkmann vom 7. Regiment Nr. 106 namhaft zu machen.

Am 1. Dezember waren die links der Marne stehenden Teile des XII. Armeekorps mit der württembergischen Felddivision und den herangezogenen Teilen des II. und VI. preußischen Armeekorps unter die Befehle des mit dem Oberbefehl zwischen Seine

und Marne beauftragten Generals der Infanterie von Fransecky
gestellt. Die sächsische Stellung endete nördlich Villiers und um
den Befehl auf einem größeren und nicht zu trennenden Teil der
Front in einheitliche Übereinstimmung zu bringen, wurde die erste
württembergische Feldbrigade vorübergehend dem Generalkommando
des XII. Armeekorps unterstellt. Der nachmittags ausgegebene
Befehl ordnete die Aufstellung sämtlicher Truppen auf den Alarm=
plätzen am frühen Morgen des 2. Dezember an. Um 1½ Uhr
morgens ging der vom Oberbefehlshaber der Maasarmee, Kron=
prinz Albert von Sachsen, erlassene Befehl ein, noch vor Tages=
anbruch die bei dem Ausfall am 30. November in Feindeshand
gelassenen Orte Brie sur Marne und Champigny ganz in der
früheren Weise in Besitz zu nehmen. Vor 7 Uhr morgens konnte
der Angriff nicht ausgeführt werden, da es nicht möglich war, mit
Einrechnung der zur Befehlsgebung und zum Marsch erforderlichen
Zeit die stürmenden Truppen früher an die zu erobernden Dörfer
heranzubringen.

Der glänzende und schon vor 8 Uhr morgens erfolgreiche
Sturm der württembergischen 1. Feldbrigade ging bald nach Er=
oberung des größten Teiles des Dorfes Champigny durch massen=
hafte Angriffe des Feindes in das bis zum Nachmittag dauernde
blutige Gefecht über, das vom Generalmajor von Reitzenstein mit
höchster Tapferkeit geführt wurde und durch rasches Eingreifen des
II. Armeekorps den Erfolg auf dem linken Teile des Schlacht=
feldes mit großen Opfern besiegelte. Auf dem rechten Flügel hatte
der Kommandeur der 24. Infanteriedivision, Generallieutenant
Nehrhoff von Holderberg, nach Eintreffen des Befehls seine Truppen
alarmieren lassen und sich sofort nach Noisy=le=Grand begeben.

Hier wurden die drei zuerst verfügbaren Bataillone und zwar
das 1. und 2. Bataillon des 8. Infanterie=Regiments Nr. 107
und das 3. Bataillon des 5. Infanterie=Regiments Nr. 104 nebst
einer Abteilung der 4. Pionier=Kompagnie unter Führung des
Majors von Bosse, welchem Sekondlieutenant von Götz vom Divi=
sionsstabe beigegeben war, um 6½ Uhr morgens gegen Brie in
Bewegung gesetzt. Unbemerkt gelangte die Kolonne, der Straße
folgend, bis in das Dorf hinein. Eine Feldwache auf der Straße
wurde, noch ehe ein Schuß fiel, überrannt und gefangen. Das

1. Bataillon des Regiments 107, welches dem an der Spitze befindlichen 2. Bataillon gefolgt war, wandte sich links gegen ein feindliches nahe am Dorfe stehendes Lager, und nach kurzem Feuergefecht floh die Besatzung nach dem südlichen Ende von Brie. Die Sachsen machten 200 Gefangene. Wie die beiden tapferen Bataillone eine der schwersten Aufgaben lösten, darüber äußerte ein gefangener französischer Offizier: „Ils criaient toujours, ils venaient comme une avalanche et tout était fini!" (= „Sie schrien fortwährend, kamen heran wie eine Lawine und alles war zu Ende!") Unweit der gesprengten Marnebrücke, etwa bei der Kirche, stieß das inzwischen immer weiter vorgedrungene 2. Bataillon auf starken Widerstand — die zahlreichen Gefangenen sagten aus, es wären 12000 Mann gewesen — auch schien es, als bringe der Feind von Süden her gegen die Rückzugslinie der Bataillone vor.

Es wurde nun das in Reserve gebliebene 3. Bataillon des Regiments 104 angewiesen, sich außerhalb des Dorfes links zu wenden, während das 2. Bataillon vom Regiment 107 nach der Marne zu sich ausbreitete und die zahlreichen Gehöfte und Gärten in Besitz nahm, um möglichst bald Anlehnung an den Fluß zu gewinnen und die Brückenstelle zu erreichen. Etwa gegen 8 Uhr morgens war der größte Teil des Dorfes in der Hand der Sachsen und der von mehreren Seiten überfallene Feind vollständig verjagt. Nur an der Brückenstelle und den zum Schutz derselben vorgelegten Barrikaden und Verstärkungen hatte sich derselbe zu halten und zu sammeln vermocht und die dagegen unternommenen Angriffe mußten umsomehr scheitern, als über die Brücken dem Feinde unaufhörlich Verstärkungen zugeführt wurden.

Der erste Abschnitt des Kampfes, fast gleichzeitig in Brie und Champigny, durch Anfall des nichts ahnenden und überraschten Feindes bezeichnet, ging zu Ende, die fast unwiderstehlichen Vorteile, welche diesem durch seine Forts, durch den Mont Avron und die zahlreichen Feld- und Mitrailleusen-Batterien unter Fort Nogent der allein kämpfenden deutschen Infanterie gegenüber zu Gebote standen, traten nun in ihr Recht. Zunächst entstand dadurch, wenigstens auf dem rechten Flügel, eine Art von Gefechtspause, während welcher durch ununterbrochene, aus den Forts und allen umliegenden Festungsbatterien erfolgende Kanonade die sächsischen Verteidigungsstellungen und Sammelorte bis über Villiers, la Grenouillière und Coeuilly unter Feuer gehalten wurden.

Prinz Georg erwartete von 7 Uhr morgens an bei Villiers die Meldung von beiden Seiten; zu dieser Zeit hatte derselbe bei der Feldwache des 2. Jägerbataillons Nr. 13, westlich Villiers, Gelegenheit, die feindliche Vedettenlinie etwa 600 Schritte vor diesem Orte, in welchen Chassepotkugeln hineinschlugen, wahrzunehmen. Die Hauptmasse der 24. Infanterie-Division stand mit Generallieutenant von Nehrhoff am östlichen Ende des vom 2. Bataillon des 5. Infanterie-Regiments Nr. 104 und drei Kompagnien des 2. Jäger-Bataillons Nr. 13 besetzten Noisy-le-Grand. Die 4. schwere Batterie hatte vergeblich versucht, den Sturm auf Brie von einer Aufstellung im Park von Noisy aus zu unterstützen. Durch zu rasch sich verbreitende Tageshelle bloßgestellt, hatte sie sich nach wenigen Schüssen gegen die sich ansammelnden Massen unterhalb des Forts Nogent vor dem konzentrischen Granatfeuer zurückziehen müssen. Von den Reserven war um 8½ Uhr morgens das Schützenregiment Nr. 108 von la Grenouillière an den östlichen Ausgang von Villiers herangezogen worden. An seine Stelle trat zu den beiden schweren Batterien der 4. Fußabteilung der Korpsartillerie das 3. Bataillon des Leibgrenadierregiments Nr. 100. Die 3. Fußabteilung der Korpsartillerie mit der leichten Batterie der 4. Abteilung und zwei Munitionskolonnen standen westlich Champs. Von 9 Uhr an wurde das Gefecht um und bei Champigny, in welches außer den Württembergern noch die 3. Infanterie-Division von deutscher Seite und die bei Joinville übergegangenen feindlichen Kolonnen feindlicherseits eintraten, immer heftiger.

Generalmajor von Reitzenstein hatte Villiers noch mit sechs Kompagnien, hauptsächlich im Park stehend, besetzt, außerdem befand sich dort die auf Feldwache gewesene 4. Kompagnie des 2. Jägerbataillons Nr. 13. Die immer mehr anwachsenden feindlichen Massen drohten Brie auch von der Rückseite völlig zu umfassen. Um dem vorzubeugen und die dort hartbedrängten beiden Bataillone des 8. Infanterie-Regiments Nr. 107 abzulösen, erhielt das 1. Bataillon des Schützenregiments hinter Villiers um 9¾ Uhr den Befehl, an Villiers vorbei auf Brie vorzugehen. Gleichzeitig bekam General von Nehrhoff den Befehl, in die Lücke zwischen Noisy und Villiers ebenfalls ein Bataillon vorzuschicken, wozu das 3. Bataillon des Regiments 107 mit dem Führer der 48. Infanterie-Brigade, Obersten von Tettau, sich in Bewegung setzte. Letzterer erhielt den Auftrag, mit den schon im Gefecht begriffenen Teilen seiner Brigade auch die Führung der vom Schützenregimente engagierten Abteilungen zu übernehmen.

Das 1. Schützenbataillon unter Major Schlick stieß früher, als man vermutete, nachdem es kaum den letzten Abschnitt seitwärts Villiers passiert hatte, auf den Feind, der die Kompagniekolonnen in der linken Flanke beschoß. Es wurde dadurch trotz des Befehls, auf Brie zu gehen, genötigt, eine Frontveränderung nach Süden vorzunehmen, welcher das bald nachgesandte 2. Schützenbataillon unter Oberstlieutenant von Dziembowski dann folgte. Der Übermacht trotzend, ging das Bataillon unter Hurra! von Abschnitt zu Abschnitt vor und drängte den Feind von der Weinbergshöhe zurück. Auf der folgenden unmittelbar über der Marne liegenden Höhe setzte er sich jedoch fest und schien sich den beiden Schützenbataillonen gegenüber nach und nach auf vier Regimenter oder zwei Brigaden zu verstärken. Verluste in mehr als gewöhnlicher Höhe waren die Folgen der zum Granatfeuer tretenden Infanteriesalven. Vom 1. Bataillon wurde der Kommandeur und alle Hauptleute verwundet, so daß Premierlieutenant von Hammerstein die Führung übernehmen mußte. Es lagen ganze Schützengruppen hinter kleinen Deckungen und Abschnitten und vom Regimentskommandeur, Obersten Freiherrn von Hausen, aufgefordert, weiter vorwärts zu gehen, wurde demselben nur zu bald die schmerzliche Überzeugung, daß es nur Verwundete und Tote waren, die vor ihm lagen. Aber auch der Feind litt erheblich durch die zähe Tapferkeit der Schützen. So zog sich das Feuergefecht fort bis in die Mittagsstunde. Um diese Zeit spielte sich folgende charakteristische Episode vor der Front der Schützen ab.

Eine feindliche Abteilung in der Stärke von 2—3 Bataillonen winkte in einer Entfernung von etwa 100 Schritten mit weißen Tüchern, Kopfbedeckungen und Gewehren. Das Feuer schwieg momentan, einzelne Gruppen kamen herüber und gaben sich gefangen, andere standen zögernd und mißtrauisch zwischen beiden

Schützenlinien. Der Oberst Freiherr von Hausen, welchem die perfide Weise des Gegners im Laufe des Feldzugs allerdings schon bekannt geworden, ritt nichtsdestoweniger bis ungefähr 50 Schritte vor die feindliche Linie und rief hinüber, daß das Feuer aufhören werde und sie Aufnahme finden würden. War es nun Mißverständnis, war es absichtliche Täuschung, oder erkannten sie die Schwäche der Schützen, genug, die Franzosen fingen alsbald an, um so lebhafter zu feuern und das Infanteriegefecht, durch einschlagende Granaten sekundiert, begann mit größter Wut und in fast unmittelbarer Nähe, wodurch der Rest der noch gebliebenen und nicht unmittelbar zu ersetzenden Munition verbraucht wurde. Der Oberst von Hausen kam nur wie durch ein Wunder aus den ihn schon umgebenden feindlichen Gruppen wieder zu den Seinen zurück, bis wohin ihn sein schwerverwundetes Pferd trug, um dann unter ihm zusammen zu brechen.

Schon vorher war auch noch das 3. Schützenbataillon seinen Kameraden nachgeschickt worden und dieses traf gerade rechtzeitig ein, um durch Besetzen der Weinbergshöhen die erschöpften, im Feuer liegenden Bataillone ablösen zu können. Wenn auch ein anfangs unternommener teilweiser Angriff des 3. Bataillons unter Major von Petrikowsky, der sehr viele Opfer forderte — unter anderen wurde der Führer des aus der 9. und 10. Kompagnie gebildeten Halbbataillons, Hauptmann von Lossow, als er seiner Kompagnie zu Pferde vorauseilte, durch eine Granate schwer verwundet, nachdem ihm bereits das Pferd getötet worden war — naturgemäß keinen Erfolg haben konnte, so wagte der Feind doch nicht, seine schützende Höhe zu verlassen und das Gefecht blieb bis zum allgemeinen Rückzug des Feindes, etwa 3 Uhr nachmittags, stehen. Auch das 3. Bataillon von 107 erschien auf dem Kampfplatze und setzte sich zum Teil an den rechten Flügel des 1. Schützenbataillons. So entwickelten sich nach und nach 11 sächsische Kompagnien zu einer langen Feuerlinie bei Bric, die sich bis auf 100 Schritt dem Feind genähert hatte. Das Schützenregiment, dem sich die 4. Kompagnie des 13. Jägerbataillons von Villiers aus angeschlossen hatte, brach den Angriff des feindlichen linken Flügels mit vielleicht fünffach geringerer Anzahl angriffsweise und gab ein musterhaftes Beispiel von Tapferkeit und Gefechtsdisziplin.

Die Meldungen vom äußersten rechten Flügel aus Brie kamen spärlich, besagten aber alle, daß der Ort noch im Besitz des Regiments Nr. 107 sei, wie dies auch bis nachmittags der Fall war. Aber das terrassenförmig zur Marne abfallende Gelände gestattete fast nirgends eine Übersicht. Meldungen erforderten beträchtliche Zeit und erst nach dem Gefechte konnten Einzelheiten festgestellt werden. Zu der Zeit, wo der Angriff an den Brückenbarrikaden zum Stehen gekommen, waren bereits die meisten der wenigen, den beiden Bataillonen von St. Privat und Sedan her noch übrig gebliebenen Offiziere tot oder verwundet. Das 8. Infanterie-Regiment Nr. 107 rückte mit 54 Offizieren in den Feldzug, verlor bei St. Privat 17, bei Sedan 8 und am 2. Dezember 12 von den beim 1. und 2. Bataillon noch befindlichen 17 Offizieren. Das Bataillon Bosse hatte schließlich alle Offiziere bis auf einen Sekondlieutenant verloren, der die Trümmer zurückführte. Das 2. Bataillon hatte die Hälfte, das 1. den vierten Teil seiner Mannschaft in dem Kampfe um Brie verloren.

Es wäre auch frischen und vollständig mit Führern besetzten Bataillonen die Wegnahme der durch steigende Übermacht verteidigten Brückenstellen unmöglich gewesen, aber an das seiner Offiziere beraubte und stark geschwächte Häuflein trat jetzt die Frage heran, was zu thun sei. Vor sich die Unmöglichkeit des Vorgehens, hinter sich den verschmähten Rückzug: so blieb denn nichts übrig, als das gewonnene Gelände, den größten Teil des Dorfes, zu behaupten. Die dem Dorfrand nahe Befindlichen zogen sich zu den links vorgehenden Abteilungen heran. Die Hauptmacht blieb im Dorfe und die Ablösung wurde durch das sich immer mehr um Villiers und Champigny zusammenziehende Gefecht weiter und weiter hinausgeschoben.

Dabei begann die Munition zu mangeln und der Versuch, solche herbeizuführen, mußte wegen des den Weg zwischen Noisy und Brie in allen Richtungen kreuzenden Feuers aufgegeben werden. Weniger dieses mörderische Feuer, als die schon am 1. Dezember ausgesprochene Absicht, keine größeren Abteilungen an den Besitz von Brie zu wagen, welche unter allen Umständen in ein nachteiliges Gefecht verwickelt werden mußten, veranlaßten den Prinzen Georg, dem General von Nehrhoff den Befehl zu geben, den Major von Bosse direkt nicht weiter zu unterstützen, diesen vielmehr anzuweisen, nötigenfalls das Dorf Brie wieder zu räumen.

Aber auch der Feind, daselbst nicht mehr bedrängt, zog allmählich seine Kolonnen hinter dem Dorfe weg nach Süden und es entstand in Brie auf beiden Seiten von Mittag an eine Art von Stillstand, welchen Major von Bosse mit dem größeren Teile der übrig gebliebenen Mannschaft benutzte, um sich mit seiner Division wieder zu vereinen, ohne dabei von dem Feinde, der vielmehr Brie ebenfalls frei ließ, irgendwie gedrängt zu werden. Eine andere kleinere Abteilung hatte sich in den Gehöften des weitläufig gebauten Dorfes festgesetzt und blieb darin bis 5 Uhr nachmittags, wo sie durch erneutes Vorgehen des Feindes von der Brücke her abgeschnitten und gefangen wurde.

Die Verwendung der zahlreich zur Verfügung stehenden Artillerie in erster Gefechtslinie d. h. vorwärts Villiers-Noisy war unmöglich, weil die vorliegenden Höhen nicht allein im wirksamsten und flankierenden Granatfeuer lagen, sondern auch namentlich deshalb, weil auf ihnen die Batterien nicht über 600 Schritte Schußfeld hatten. Es wurde aber gegen 11 Uhr die 7. schwere Batterie seitlich Villiers vorgezogen, um einen etwa notwendig werdenden Rückzug der Schützen aufzunehmen und die 8. schwere Batterie nahm mit der Divisionsartillerie der 24. Division Aufstellung südlich Noisy und vorwärts la Grenouillière. Beide Aufstellungen wurden sehr bald vom Feinde erkannt und namentlich die 7. schwere Batterie stark beworfen.

Es bleibt noch übrig zu erwähnen, daß zwischen 11 und 12 Uhr mittags das nach Villiers herangezogene 3. Bataillon des Leibgrenadier-Regiments Nr. 100, befehligt vom Major von Süßmilch-Hörnig, die Besetzung des vor dem Orte gelegenen Parks übernahm, nachdem Generalmajor von Neitzenstein gemeldet hatte, daß die dort stehenden sechs Kompagnien des 7. württembergischen Infanterie-Regiments dringend der Ablösung bedürften. Dieses sächsische Grenadierbataillon bildete von 1½ Uhr an gemeinschaftlich mit dem 2. Bataillon des 42. Regiments unter Oberst von der Knesebeck die Besatzung von Villiers. Der Feind war bei der Zerstreutheit des württembergischen Regiments mit seinen Plänklern bis auf

300 Schritt an die Parkmauer herangekommen und es gelang den ganz in der Stellung aufgelösten vier Kompagnien Leibgrenadieren, denselben nicht allein zurückzutreiben, sondern auch einen etwa 2 Uhr nachmittags unternommenen Versuch, mit Kolonnen vorzugehen, gänzlich zu vereiteln. Eine gegenüber aufgestellte Geschütz- und eine Mitrailleusenbatterie konnte wegen der deckenden Mauer keinen Schaden thun.

Mit dem Aufgeben von Brie trat auf dem sächsischen Kampfplatze nach und nach Ruhe ein. Zwischen 3 und 4 Uhr schwieg mit der hereinbrechenden Dunkelheit das Infanteriefeuer und nur eine heftige, im ganzen aber ziemlich unschädliche Kanonade dauerte, ähnlich wie der grollende Donner eines abziehenden schweren Gewitters, bis in den zeitig dämmernden Abend hinein. Das Gefecht erstarb allmählich auf der ganzen Linie. Der zweite Schlachttag endete wie der erste mit einem Festhalten der deutschen Hauptstellung. Abends 9 Uhr am 2. Dezember gelangte bei den sächsischen Truppen folgender Korpsbefehl ihres kommandierenden Generals zur Ausgabe:

„Die sächsische Kriegsgeschichte hat ein neues ruhmvolles Blatt aufzuweisen; die heute fechtenden Truppen haben mit großer Tapferkeit und seltenem Mute ihren alten Ruhm bewährt; speziell spreche ich dem 8. Infanterie-Regiment Nr. 107 wegen des Sturmes auf Brie sur Marne und dem Schützenregimente wegen seines glänzenden Gefechts gegen vielfach überlegene Kräfte meine Bewunderung und volle Anerkennung aus.

Der kommandierende General
Georg,
Herzog zu Sachsen."

Das war die zweitägige blutige Schlacht bei Villiers, welche in der sächsischen wie württembergischen Kriegsgeschichte für alle Zeiten einen hervorragenden Ehrenplatz einnimmt. Das Schützen-Regiment Nr. 108 wurde für sein braves Verhalten an jenem heißen Kampfestage dadurch ausgezeichnet, daß es den Prinzen Georg zum Chef erhielt. Das Regiment Nr. 107 aber bekam für seinen vor St. Privat und Villiers gezeigten seltenen Heldenmut gleichfalls einen Chef und zwar in der Person des Prinzen Johann Georg. Beide Auszeichnungen gab der König Johann selbst bekannt und zwar bei dem Festbankett, welches am 11. Juli 1871, dem Tage des Truppeneinzuges in Dresden, im königl. Residenzschlosse daselbst zu Ehren der Armee stattfand. Den zwei Regimentern, die damals noch bei der deutschen Okkupationsarmee in Frankreich standen, wurden dieselben telegraphisch mitgeteilt.

Beschießung und Wegnahme des Mont Avron

Ende Dezember 1870.

> Wer zog mit uns von Sieg zu Sieg
> Nach Beaumont und Sedan?
> Wer zeigte den Parisern Krieg,
> Macht' ihnen angst und bang?
> Will ein Franzos zum Thor heraus
> Wer treibt ihn wieder 'rein?
> Wem macht der Avron wenig Graus,
> Wer schießt ihn kurz und klein?
> Du stolzes Sachsen, freue Dich,
> Dein Kronprinz ist es ritterlich,
> Dein Albert, Dein Albert,
> Das tapf're Kriegerherz!
>
> Otto Bucher.

Als im Jahre 1870 die kgl. sächsischen Truppen vor Paris die Ostfront besetzt hielten, bildete der keilartig gegen ihre Vorpostenstellung vorspringende Mont Avron mit seinen Batterien eine gar ungemütliche Nachbarschaft für sie und der am 21. Dezember gegen Garde und Sachsen unternommene letzte Ausfall der Franzosen bewies klar und deutlich die große Wichtigkeit dieses Punktes. Der Mont Avron lag nahe dem Fort Rosny und war nicht allein als Vorwerk und als eine Sicherung und Verstärkung dieses Forts von hoher Bedeutung, sondern noch mehr deshalb, weil die dort angelegten Verschanzungen, Ausfälle sowohl im Beginn zu unterstützen, als den Rückzug im Falle des Mißlingens zu decken sehr wohl geeignet waren. Schon längst hatte deshalb auch der Höchstkommandierende der IV. deutschen Armee, Kronprinz Albert von Sachsen, die Erlaubnis verlangt, die vorgeschobenen Erdwerke, welche ein stetes Ausfallthor gegen die sächsischen Truppen bildeten, beschießen

zu dürfen, in welchem Verlangen der Feldherr von Bismarck und
Moltke unterstützt wurde. Nachdem Mitte Dezember die Vorberei=
tungen zu dem allgemeinen artilleristischen Angriffe auf Paris voll=
endet waren, gab der Oberfeldherr König Wilhelm die Genehmigung
dazu, daß die Beschießung des Mont Avron die Einleitung bilden
durfte zu dem großen Riesenkonzert, welches demnächst die deutschen
Geschütze der spröden Schönen Paris aufspielen sollten.

Die Festellung sowohl des eigentlichen Angriffsplans, wie der
zum Schutz notwendigen Truppenaufstellungen fand in einer am
18. Dezember in dem Hauptquartier des kommandierenden Generals
vom XII. Armeekorps, le Vert=galant, mit den leitenden Artillerie=
und Ingenieur=Offizieren abgehaltenen Konferenz statt. Infolge=
dessen wurde sofort begonnen, die einzelnen Batterien und überhaupt
die ganze Verteidigungslinie vom nördlichen Rande der Hochfläche
von Raincy bis zum südöstlichen Abfall der Höhen bei Pressoir
durch einen tranchéeartigen Schützengraben zu verbinden. Diese
Arbeiten führte Major Klemm, Kommandeur der Ingenieure und
Pioniere des XII. Armeekorps, mit den unter seinen Befehl gestell=
ten Pionierkompagnien des Garde=, IV. und XII. Armeekorps mit
großer Schnelligkeit und sehr sachgemäß aus, so daß beim Beginn
des Batteriebaues bereits ein feindlicher Angriff aus deckender
Stellung hätte abgeschlagen werden können. Die Umfänglichkeit
dieser Arbeiten ergiebt sich aus der Thatsache, daß allein 4700
Schritt Verteidigungs=, 1150 Schritt Verbindungsgräben auszuheben
und 2500 Schritt Wege zu verbessern waren.

Vom Anfang des eigentlichen Batteriebaues bei Raincy am
22. Dezember abends schob die 23. Infanteriedivision ihre ver=
stärkten Vorposten unbelästigt vom Feinde bis an die von Ville=
momble nach Chelles führende Eisenbahnlinie vor und vom Morgen
des 23. Dezember an stellte diese Division zwei, die 24. Infanterie=
division ein Bataillon als Replis auf, um einesteils die Laufgräben
zu besetzen, anderenteils dem eventuellen Angriff zu begegnen.

Diese Bataillone wurden nachts auf die Hälfte reduziert. Zum
Bau der Batterien, welche mit 75 Stück meist sächsischen 12= und
24=Pfündern armiert wurden, waren zur Arbeit gestellt ein Bataillon
und eine Eskadron der 24. Division dauernd, zahlreiche Kommandos

und Gespanne auf jedesmaliges Ansuchen des königl. preußischen Obersten Bartsch, Direktors der Belagerungsarbeiten der Ostfront, welcher auch bereits bei dem Bombardement von Soissons, La Fère, Toul und Verdun den Oberbefehl geführt hatte.

Der Bau dieser Batterien mußte sehr heimlich und vorsichtig betrieben werden und dauerte etwa vierzehn Tage. Die Stellungen lagen so unmittelbar unter dem Feuer der ungeheuren Schiffskanonen des Avron, daß häufige Unterbrechungen die Arbeiten verzögerten. Trotzdem von den Forts aus zwei Punkte der Straße eingesehen werden konnten und sowohl die Balken, Faschinen und Schanzkörbe am Tage von vielen hundert französischen Zwangsfuhren, wie auch nachts die schweren Kanonen an die Orte ihrer Bestimmung geschafft werden mußten, hatten die deutschen Soldaten durch den Feind doch nur höchst unerhebliche Belästigungen erfahren, und es gelang, ihn über die eigentlichen Orte, wo die Geschützstände errichtet wurden, in Unklarheit zu erhalten. Der waldige Charakter der Umgegend von Paris gestattete den deutschen Pionieren allerdings an Stellen zu arbeiten, welche durch Gehölz gedeckt waren.

Am 26. Dezember wurden die Waldstücke, hinter welchen die Batterien angelegt waren, Baum für Baum angesägt und am 27. Dezember morgens 6 Uhr wurden die Bäume umgelegt und die Geschütze solcherart demaskiert. Es hatten übrigens während der Nacht noch 2000 Mann zu schaffen gehabt, und die Sorge war keine geringe, daß der Feind noch in der letzten Stunde die Orte, wo diese Menschenmasse arbeitete, mit Granaten bewerfen würde. Wider Verhoffen verhielt er sich aber diese Nacht vollkommen ruhig und auch die elektrischen Scheinwerfer, mit denen in den vorausgegangenen Nächten das kritische Gelände seitens der Franzosen von dem Mont Avron aus abgesucht worden war, traten nicht in Thätigkeit. Ohne Zweifel hatte der Feind also von dem ihm drohenden Unheil doch keine rechte Ahnung.

- Das Bombardement begann frühmorgens $8^1/_2$ Uhr. Nebel und Schneegestöber verhinderten so lange den Beginn der Beschießung, welcher Prinz Georg, General von Nehrhoff und Oberst Bartsch, dem am 11. Dezember die Leitung des Artillerieangriffs übertragen worden war, mit ihren Stäben auf der Höhe von

Chelles beiwohnten. Unter dreimaligem Hurraruf wurde in Batterie 6 der erste Schuß abgegeben, dann begannen sämtliche Batterien zu feuern. Der völlig überraschte Feind begann erst nach 17 Minuten zu antworten. Eins der ersten Geschosse, welche auf den Mont Avron niederfiel, hat eine traurige Berühmtheit erlangt. Es saßen dort neun Personen gerade bei Tisch: Heintzler, Kommandant des 6. Bataillons der Mobilgarde, seine Frau, verschiedene Offiziere, der Feldkaplan und der Arzt des Bataillons. „Parbleu!" sagte lachend einer der Offiziere, „es fehlt uns jetzt nur eine Bombe, um statt der Butter, die uns fehlt, serviert zu werden." In demselben Augenblick prasselte es auch schon im Dache und eine Granate platzte mitten auf den Tisch. Sechs der Gäste blieben tot, das Ehepaar Heintzler wurde verwundet und einzig der Arzt sowie der aufwartende Diener kamen mit heiler Haut davon.

Während der Beschießung am 27. Dezember war für die sächsischen Truppen Quartierbereitschaft angeordnet. Wegen des starken Nebels war es jedoch den ganzen Tag auch von den Batterien aus nicht möglich, den vollen Erfolg zu beobachten. Am 28. Dezember morgens fielen vom Mont Avron nur etwa noch vier Schuß; vor 9 Uhr aber schwiegen alle dortigen Batterien.

Von den Höhen bei Pressoir sah man noch die Vorposten des Feindes; es kam aber doch in Frage, ob nicht schon jetzt der Moment gekommen sei, mit Infanterie den Berg zu ersteigen. In Erwägung jedoch, daß die völlige Abführung der Geschütze noch nicht konstatiert, es vielmehr möglich war, daß der Feind etwa nach Eintreffen von Munition am 29. Dezember den Kampf wieder aufnehme, wurde hiervon abgesehen. Patrullen der 24. Infanteriedivision, die in der Dämmerung von Gagny und Maison blanche aus vorgingen, stießen am Fuße des Berges auf eine dichte und sehr wachsame Postenkette, ebenso die der 23. Infanteriedivision bei Villemomble; Neuilly war schon am Morgen durch Patrullen abgesucht und unbesetzt gefunden worden. Erst am Morgen des 29. Dezember gingen alle Wahrnehmungen dahin, daß der Feind den nach Osten zu gelegenen Teil des Avron aufgegeben habe; von beiden Divisionen gingen mittags Patrullen hinauf, fanden die Batterien verlassen und darin nur noch zerschossene Lafetten, Leichen und Artilleriemunition.

Hält man damit zusammen, daß vom linken Marneufer aus am Morgen des 29. Dezember Feldbatterien und etwa vier Bataillone über das Dorf Rosny hinter das Fort zurückmarschierend gesehen wurden, so scheint es sicher, daß der Feind während der Nacht vom 28. zum 29. Dezember den Mont Avron sehr stark besetzt gehalten und dadurch gesichert Geschützmaterial zurückgebracht hat. Um die nach Aussage der Patrullen und namentlich des Hauptmann von Zanthier vom 4. Infanterieregiment Nr. 103, trotzdem zahlreich liegen gebliebenen Gewehre und Munitionsgegenstände einzusammeln und sich von dem Erfolg der Beschießung auf die feindlichen Werke zu überzeugen, gingen an diesem Tage früh unter Kommando des Majors von Süßmilch = Hörnig, Kommandeur des 3. Bataillons vom Leibgrenadier=Regiment Nr. 100, zwei Kompagnien seines Bataillons von Villemomble aus und zwei Kompagnien des Regiments Nr. 106 von Gagny und Maison blanche aus, gefolgt von je zwei Artillerieoffizieren und 60 Artilleriemannschaften, auf die Höhe vor.

Bei dieser Expedition auf den Mont Avron, welcher sich der Generalstabsoffizier Hauptmann Reyher des Generalkommandos zur Rekognoszierung angeschlossen hatte, erhielt die als Flankendeckung gegen Rosny entsendete Kompagnie Feuer aus einer Flesche, welche an der Westspitze des Berges erbaut, den Eingang nach Dorf Rosny sicherte. Ein Teil der Besatzung der Flesche ergriff die Flucht, als die diesseitigen Plänkerer feuernd gegen dieselbe vorgingen. Sie setzten sich aber dann wieder bei der Flesche fest, die ungefähr mit einer Kompagnie besetzt sein mochte. Das Dorf Rosny wurde stark besetzt gefunden. Man sah deutlich, wie vom Kirchturm einzelne Schützen auf die Sachsen feuerten. Die gleichzeitig auf den Mont Avron vorgegangenen Teile der 24. Division waren, ohne auf den Feind zu stoßen, bei der Lünette an der Ostspitze unterdessen angekommen und hielten den südlichen Höhenrand besetzt.

Die Rekognoszierung ergab nun folgendes: Die unverkennbar vielen Spuren des übereilten Rückzuges der Franzosen nach der Beschießung lieferte den Beweis, daß die Wahl dieses Mittels, um die feindlichen Kräfte vom Avron zu vertreiben, ein sehr richtiges durchgreifendes gewesen war. Ein Sturm gegen den Berg hätte gewiß zahlreiche Opfer gefordert, da die Franzosen alle Mittel der Befestigungskunst angewendet hatten, um den Aufgang dahin zu erschweren. Die Verluste, durch welche dieser Erfolg erkauft werden mußte, betrugen etwa 30 Mann Tote und Verwundete.

Die Beschießung des Mont Avron und dessen Einnahme durch die Sachsen war der Anfang zu der großen artilleristischen Niederkämpfung der Festungswerke und Beschießung der Stadt Paris, deren Kapitulation am 28. Januar 1871 erfolgte, bei welcher Gelegenheit nicht weniger als 7456 Offiziere und 241 686 Mann Waffen streckten.

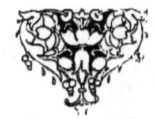

Die sächsische Reserve-Batterie Krutzsch
am 15., 16. und 17. Januar 1871.

> Das war die Sachsenbatterie,
> Sie schoß und traf, doch fehlte nie
> Und trieb Bourbakis Scharen
> An der Lisaine zu Paaren.
> Ihr Hauptmann Krutzsch sah es und lacht':
> Er hat dort's Meisterstück gemacht!
>
> Max Dittrich.

Die 1. leichte Reserve-Batterie des königl. sächsischen Feldartillerie-Regiments Nr. 12, unter Befehl des Hauptmanns Krutzsch, focht 1871 Schulter an Schulter mit den badischen Truppen unter Oberbefehl des Generals von Werder vor Belfort und bedeckte sich in der heißen Schlacht an der Lisaine mit Ruhm und Ehren. Die Batterie war zwar nur eine Hand voll Leute, aber ein Häuflein Tapferer, denen ihr König und Kriegsherr die hohe Ehre erzeigte, sie bei ihrer Heimkehr am 5. April 1871 in Dresden in Begleitung seines Generaladjutanten Generallieutenants von Witzleben, des Staatskommandanten, Generallieutenants Frhrn. von Hausen und vieler Offiziere im Bahnhofe zu begrüßen und mit warmen Worten der Anerkennung willkommen zu heißen.

Die Batterie war im Dezember 1870 nach dem Kriegsschauplatze abgegangen und dem vom General von Werder befehligten Korps zugeteilt worden. Sie trat am 10. Januar in Vesoul unter dem Befehle des großherzoglich badischen Obersten von Beyer, welcher Führer eines aus verschiedenen Truppengattungen bestehenden Detachements war, und rückte am genannten Tage früh 6 Uhr nebst dem Detachement zu einer Rekognoszierung gegen Villersexel aus, wobei dieselbe der Avantgarde des Detachements zugeteilt war. Vorausgesandte Patrullen hatten das Dorf Patey und den nordöstlich des Ortes gelegenen Wald vom Feinde besetzt gefunden.

Eine vorgehende Seitenabteilung, bei welcher sich ein Zug der Batterie befand, erhielt beim Heraustreten aus dem Walde Infanteriefeuer aus dem zunächst gelegenen Walde. Auf Befehl des Obersten von Beyer marschierte dieser Zug auf und schoß auf eine Entfernung von 1800 Schritt zwölf Granaten in den Wald. Alsbald verstummte das Infanteriefeuer. Um 2 Uhr nachmittags trat die Batterie mit dem Detachement den Rückmarsch über Villele-sec und By-le-lure an, wo sie gegen 9½ Uhr abends eintraf und unter die Befehle des königl. preußischen Majors von Schack trat.

Am 11. Januar führte die Batterie bei bitterer Kälte den Marsch nach Lure aus, wo dieselbe verblieb bis zum 14. Januar. Am letztgenannten Tage schon früh 2½ Uhr erfolgte der Abmarsch des Detachements unter Kommando des Majors von Schack von Lure nach Frahier. Dort trat die Abteilung unter den Befehl des großherzoglich badischen Generalmajors von Degenfeldt. Noch am Nachmittag wurde eine Rekognoszierung der Stellung bei Frahier ausgeführt. Abends 6½ Uhr trat die Batterie ihren Abmarsch in Begleitung zweier Jägerkompagnien unter Major von Paczinsky nach Plonchamp zum Detachement des Obersten von Willisen an.

Am 15. Januar früh 8½ Uhr fand eine Alarmierung statt durch Schüsse, welche bei den Vorposten fielen. Der 3. Zug der Batterie mußte eine Aufstellung nehmen zur Bestreichung der Brücke von Plonchamp, sowie zur Flankierung des Ortes selbst an dem nach Frahier führenden Weg. Die beiden übrigen Züge der Batterie nahmen Aufstellungen entlang des Weges nach Champigny, der Rückzugslinie, ein. Mittags nach 2 Uhr kam Befehl vom Generalmajor von Degenfeldt dahinlautend, die sächsische Batterie eiligst nach Frahier zu senden, woselbst dieselbe 3¾ Uhr eintraf und sogleich Stellung auf dem Höhenrücken südwestlich des Dorfes, hart an demselben nahm. Nach 5 Uhr kam die Weisung zum Vorrücken, um den Rückzug eines badischen Bataillons zu decken. Die Batterie fuhr daher auf dem Wege nach Chenevier vor und marschierte daselbst auf. Nach 7 Uhr abends wurden Quartiere in Frahier bezogen.

Am folgenden Tage kam die Batterie wieder ins Feuer und

ließ gar wacker die Pfropfen knallen aus ihren langen eisernen Flaschen. Sie kanonierte, was nur die Rohre hielten, wie denn in erster Linie die Artillerie der Deutschen, welche sich in vortrefflichen Aufstellungen befand, den Erfolg des Tages herbeiführte und die vom frühen Morgen bis zum späten Abend anstürmenden vier französischen Korps immer und immer wieder mit blutigen Köpfen zurückjagte. Es entwickelte sich eine Kanonade, wie sie wohl selten zu hören ist. Das waren nicht mehr einzelne Kanonenschüsse, das waren großartige Geschützsalven. Dem Ohr machte sich dieses unausgesetzte Geschützfeuer als ein einziges unaufhörliches Donnern und Brüllen bemerkbar, welches erst mit dem Untergang der Sonne allmählich aufhörte. Die Franzosen brachten auch zahlreiche gute Artillerie ins Gefecht; dieselbe vermochte aber nicht gegen diejenige der Deutschen in ihren dominierenden Stellungen aufzukommen. Wo sich feindliche Infanterie zeigte und Versuche machte, die eine oder die andere deutsche Batterie zu stürmen, ging sie ihrem sicheren Verderben entgegen. Die angreifenden feindlichen Regimenter wurden von den deutschen Granaten und Kartätschen geradezu zermalmt und von der Wahlstatt weggefegt.

Die sächsische Reserve-Batterie Krutzsch wurde am 16. Januar früh 6 Uhr nach Chevenier vorgezogen und nahm gegen 8 Uhr zirka 200 Schritte links neben der schweren badischen Batterie von Göbel auf der Höhe nordöstlich genannten Ortes Stellung. Gegen 8½ Uhr entwickelte der Feind auf 2200 bis 2300 Schritte Entfernung auf dem Höhenzuge südlich Chevenier eine Batterie zu acht Geschützen, mit welcher der Kampf sogleich aufgenommen und eine volle Stunde lang fortgesetzt wurde. 9½ Uhr fuhr sodann die feindliche Batterie ab und ließ nach Aussagen der vorgeschobenen Infanteriepatrullen ein Geschütz liegen. Gegen 12 Uhr versuchte eine feindliche Batterie auf 3000 Schritt den Kampf zu erneuern, schwieg jedoch ebenfalls, nachdem diesseits zwanzig Schuß gethan worden waren, und ging im Trabe zurück. 1½ Uhr war bei Etobon eine feindliche Batterie aufgefahren und mußte, um mit dieser und im Verein mit der badischen Batterie den Kampf aufnehmen zu können, die leichte Reservebatterie Krutzsch hierzu 200 Schritte vorgehen und dabei eine halbe Rechtsschwenkung vornehmen.

Nachdem die Batterie einmal durchgefeuert, eröffneten zwei Batterien zu 16 Geschützen, welche wiederum südlich von Chevenier auf 2700 Schritte aufgefahren waren, ihr Feuer und führte die Batterie in diesem Feuer eine Frontveränderung aus. Die Stellung der Batterie war demnach eine ungünstige, da dieselbe außer dem Frontalfeuer der bei Chevenier aufgefahrenen beiden Batterien noch das Schrägfeuer der mit der badischen Batterie sich im Kampfe befindenden feindlichen Batterie bei Etobon auszuhalten hatte. Eine andere Artilleriestellung war jedoch nicht vorhanden und mußte daher die Batterie diesen ungleichen Kampf bestehen. Gegen 3½ Uhr entwickelte der Feind seine Infanteriekolonnen aus dem Thalgrunde südwestlich Chevenier und ging zum Angriff gegen den Ort vor. Das Feuer der Batterie wurde sogleich auf diese Kolonne gerichtet, doch löste diese sich, sobald sie die Deckung verließ, in Schützenlinie auf und entging dadurch mehr oder weniger der Wirkung des Artilleriefeuers. Um 4 Uhr hatte die deutsche Infanterie Chevenier vollständig geräumt, die badische Batterie war abmarschiert, und protzte nun auch die sächsische Batterie, da sie ihren Zweck, den Abzug der Infanterie zu decken erfüllt hatte, wieder auf und zog sich auf dem anbefohlenen Rückzugswege, über Echevanne nach Frahier, zurück.

Auch am 17. Januar krachten die Geschütze der Batterie Krutzsch wieder gegen den Feind. Früh 7 Uhr marschierte sie südwestlich Frahier, hart am Dorfe auf. Zehn Minuten nach 8 Uhr wurde das Feuer auf eine feindliche Batterie auf 3200 Schritte eröffnet; dieselbe hatte östlich am Walde Stellung genommen. Gleichzeitig beschossen diese Batterie noch die preußischen Batterien Dienemann und Müller, wodurch dieselbe in kurzer Zeit gezwungen wurden, abzufahren. Ferner wurden in dieser Stellung noch auf verschiedene sich nach Chevenier ziehende Infanterie-Kolonnen Schüsse auf 3000 bis 4000 Schritt abgegeben. Den übrigen Teil des Tages verblieb die Batterie in ihrer Stellung, ohne vom Feinde etwas zu bemerken. Der Verlust der Batterie Krutzsch, an den einzelnen Gefechtstagen betrug einen Offizier und sieben Mann verwundet.

Die Heimkehr der tapferen Batterie am Abend des 5. April 1871 war ein Freudentag für ganz Dresden. Trotz des schlechten Wetters war, wie schon erwähnt, der sächsische König mit seinem

Generaladjutanten und zahlreichen Offizieren am Leipzig-Dresdner Bahnhof anwesend. Die aus 3 Offizieren, 143 Mann und 133 Pferden bestehende Batterie formierte sich vor dem Bahnhofe und marschierte sodann in der 7. Stunde unter den Klängen eines frischen fröhlichen Soldatenmarsches durch die mit Flaggen geschmückte und vom Publikum dicht gefüllte Leipziger Straße über die Marienbrücke und durch Friedrichstadt hinaus nach Kesselsdorf, um daselbst in der Umgegend Quartier zu beziehen. Jedes Geschütz aber, dessen eherner Mund draußen in Frankreich so manches ernste bedeutsame Wort gesprochen, war mit Guirlanden bekränzt, oder mit Fahnen in den sächsischen und deutschen Farben geschmückt, die gar lustig im Abendwinde flatterten.

Der Führer der tapferen sächsischen Reservebatterie, welche mit bei Belfort im Schlachtenwetter gehalten hat, fest und unentwegt, Hauptmann Krutzsch ist längst aus den Reihen der Lebenden geschieden. Er war zuletzt Oberstlieutenant und Kommandeur der 3. Abteilung des 1. Feldartillerieregiments Nr. 12 in Riesa, nahm am 22. Juli 1885 seinen Abschied, den ihm König Albert unter gleichzeitiger Beförderung zum Oberst huldvoll erteilte, und starb im Frühjahr 1887 in Dresden. So geht einer der Helden von 1870/71 nach dem andern ein zum ewigen Frieden; was sie aber damals in großer unvergeßlicher Zeit erkämpft und erstritten, muß von Generation zu Generation hoch und heilig gehalten werden jetzt und immerdar!

Der Einzug in St. Denis
am 29. Januar 1871.

Ein Herzog zu Sachsen geboren,
Er zog seinem Heere voran;
Laut pocht an des Feindes Thoren,
Der Sohn vom König Johann!

George Hesekiel.

Der Truppeneinzug in eine eroberte Festung oder Stadt bildet für jeden Feldherrn eine stolze ruhmvolle Erinnerung. Auch diesen Triumph hat Sachsens heutiger König gefeiert im Feldzuge gegen Frankreich, und zwar am 29. Januar 1871, als er in St. Denis, jener alten Stadt, wo die französischen Könige begraben liegen, mit glänzendem Gefolge an der Spitze preußischer Truppen von der Maasarmee einzog.

St. Denis liegt an der Seine, dem Rouillon und dem Kanal von St. Denis, 1¼ Meile nördlich von Paris an der Bahnlinie, von welcher südlich von der Stadt die Bahn nach Soissons und in derselben diejenigen nach Creil ostwärts und nach Pontoise westlich sich abzweigen. Die unter dem Namen der Befestigungen von St. Denis zusammengefaßten Werke, welche die Nordfront des damaligen Befestigungsgürtels der französischen Hauptstadt einnahmen, waren im Osten der Stadt das Fort de l'Est, im Norden die Double Couronne und das Fort de la Briche im Nordwesten. Diese Werke von St. Denis gehörten zu den stärksten der Befestigungsanlagen von Paris, hatten aber den Nachteil, daß sie dem Gelände nach nicht hoch genug gelegen waren, um nicht von den vorliegenden Höhen aus eingesehen und gefaßt werden zu können.

Die Besetzung von St. Denis durch Truppen der vom damaligen Kronprinz von Sachsen befehligten Maasarmee fand am 29. Januar statt. Nachdem in der Nacht um 3 Uhr ein Offizier

aus Versailles die Nachricht vom Waffenstillstand und seinen
Bedingungen überbracht hatte, wurde in den Morgenstunden ein
Offizier des Stabes, Major von Welck, nach St. Denis gesandt,
um mit dem Kommandanten die Übergabe der umliegenden Forts
zu besprechen. Um 10 Uhr ging der Kronprinz von Sachsen und
sein Stab von Margency nach St. Denis ab. Bei den Vor=
posten wurde Halt gemacht. Major von Welck war noch nicht
zurück; man erfuhr, daß der französische Kommandant sehr schlecht
zu sprechen sei und seine Truppen drohende Haltung zeigten. Der
Stab war daher auf seiner Hut. Endlich kam die Meldung, daß
alles abgemacht sei. Alsbald wurde eine starke Truppenabteilung
in Marsch gesetzt. Das ganze Kaiser=Franz=Regiment vom Garde=
korps, zwei Bataillone vom 26. Regiment und vier andere Bataillone
vom IV. Armeekorps rückten bis zu einem halbwegs zwischen Enghien
und St. Denis gelegenen Punkte vor.

Hier wurde Halt gemacht. Genie = Offiziere waren in die
Forts gegangen, um die Minen zu entladen und zwei Kompagnien
Belagerungs=Artillerie wurden abgesandt, um von den Geschützen
und den Magazinen Besitz zu ergreifen. Als nach 2 Uhr Major
von Welck noch immer nicht zurück war, ritt Kronprinz Albert
vorwärts. Unterwegs begegnete er dem Major, welcher mitteilte,
daß die französischen Truppen St. Denis noch nicht vollständig
geräumt hätten und die zum größten Teile bewaffnete Bevölker=
ung eine sehr drohende Miene annehme. Die Aufregung der Ge=
müter sei groß, werde jedoch allmählich vor der unerbittlichen Not=
wendigkeit verschwinden.

Darauf ging es gegen 2½ Uhr über den Außengraben
hinein in die Befestigungswerke. Bevölkerung und Nationalgarden
drängten sich den fremden Offizieren neugierig entgegen; nur
neugierig, ohne das geringste Zeichen von Fanatismus. Man
kletterte auf die zerzausten Schanzen, betastete die kolossalen Marine=
geschütze in den Scharten, blickte auf die zertrümmerten Deckungen
und schien im allgemeinen nicht besonders unzufrieden, daß —
alles überstanden war. Frauen jeden Alters, jeder Toilette
und jeden Schönheitsgrades in Masse; junges Volk nicht
minder; Burschen von 12—14 Jahren, dickbäuchige, alte gebückte
Greise, Bourgeois in der höchst kleidsamen Nationalgarden=Uni=

form; kurzes schwarzblaues Jackett mit Doppelreihen weißer Knöpfe, weiten schwarzen Beinkleidern mit breiten roten Gallons und bis ans Knie aufreichenden Stiefeln sowie schwarzes Käppi mit der Regimentsnummer.

Ingenieur=Hauptleute vom IV. Korps traten, von französischen Offizieren geführt, denen die Überweisung oblag, in die bombenfest gedeckten Munitionsdepots im Innern der Wälle. Die Häuser um den ersten weiten Platz nach dem Fortausgange sahen schlimm genug aus. Was in vier Tagen gemacht werden konnte von Geschossen, deren eine Partie je 160 Pfund wiegt, mit je 10 Pfund Sprengladung gefüllt und von je 4 Pfund Pulver aus dem Rohr geschleudert wird, war hier geleistet worden. Es war ein Platz von Ruinen umhegt; demontierte Geschützrohre, gefällte Bäume, halb zertrümmerte, halb weggeräumte Barrikaden, fest von Quadern und Sandtonnen gefugt, überall auf den davon ausgehenden Hauptstraßen. Aber auch die arg mitgenommenen Häuser, falls sie überhaupt nur noch zusammenhielten, waren bereits wieder in allen Fenstern mit ihren zurückgekehrten Bewohnern besetzt.

Sie hatten nicht lange mehr auf das erwartete Schauspiel zu warten. Gegen 3 Uhr erklang von draußen jenseits der Zugbrücke der Gesang der „Wacht am Rhein" und der Tritt der Grenadiere der 1. Kompagnie des 1. Garderegiments dröhnte auf dem Pflaster zwischen den Pallisaden. Dann kam eine Wolke glänzender Reiter: der Kronprinz von Sachsen an der Spitze, mit ihm der Chef des Generalstabes, General von Schlotheim, der Divisionskommandeur General von Schwarzhof, Brigade=General von Zychlinski, Artillerie=, Ingenieur=, Garde du Korps= und sächsische Reiteroffiziere, bunt gemengt. Der Kommandant des Platzes, ein bereits etwas grauköpfiger Herr in marineähnlichem Waffenkleide, überreichte dem erlauchten Führer der Maasarmee die üblichen Schlüssel der Stadt. Der Befehlshaber der Truppen aber, eine echt französische kecke Reitergestalt, im blauen malerischen Kapuzinermantel, ritt auf seinem Schimmel heran und überreichte dem Sieger seinen Degen. Der Kronprinz Albert empfing denselben, reichte die Waffe seinem Adjutanten, aus dessen Händen sie der Franzose zurückempfing. Damit waren die Formalitäten beendet; die vorangeschickten Pionierdetachements hatten bereits den Boden untersucht und einige Minenleitungsdrähte abgeschnitten; auf allen Bastionen blitzte es von deutschen Helmen und Bajonetten. Dann setzte sich der Reiterzug in Bewegung, die breite Straße gradeaus abwärts und gleichzeitig setzte die Musik des 1. Garde=regiments ein: schmetternd und wirbelnd erklang der Pariser Einzugsmarsch durch die Gassen.

Mitten in der Straße befahl General von Schlotheim einer Abteilung Gardekürassiere die Spitze der Kolonne zu nehmen. Als diese glitzernde Reiterkohorte in vollem Galopp klirrend vorsprengte, flüchteten Frauen und Kinder in die Trümmerreste der Häuser und riefen voll Angst: „Les ulans! les ulans!" „Die Ulanen! die Ulanen!" Auf dem Platze vor der großen Kaserne machte Sachsens Thron=erbe halt. Die 14. Brigade vom IV. Korps, welche in St. Denis Garnison nehmen sollte, zog an ihm vorüber, die Musik spielte nach dem Pariser Einzugsmarsch noch das Preußenlied. Die Be=völkerung wohnte dem Schauspiel bei und man konnte viel Aus=drücke der Bewunderung über das kräftige Aussehen und die mili=tärische Haltung der deutschen Truppen hören. Interimistischer Gouverneur von St. Denis wurde der Brigadegeneral von Zychlinski. Der Kommandant des Ostforts meldete, daß während der Beschießung daselbst 12000 Bomben niedergefallen seien.

In den Straßen, wo sich ungehemmt die Masse der Be=völkerung, jung und alt, drängte, begannen die ausgetretenen Sol=daten bereits in der ersten Stunde stark moralische Eroberungen zu machen. Mancher väterliche Reservist hatte schon einen jungen Bürger von St. Denis auf den Arm genommen; mancher Citoyen und manche Citoyenne nahmen dankläschelnd hier ein halbes Brot, dort eine Erbswurst, hier ein Stück Schokolade, dort eine huldigende Bemerkung über ihre schönen schwarzen Augen hin. Das Musik=korps wirkte höchst eindrucksvoll mit. Als es so eine der elektri=sierenden Walzermelodien herausjubelte, zuckte es gar anmutig auf vielen hübschen Gesichtern und viele zierlich chaussierte Füßchen hoben sich im Takt. „C'est bien longtemps, que nous n'avons plus entendu une musique comme ça!" (Zu Deutsch: Es ist sehr lange her, daß wir nicht mehr eine solche Musik gehört haben"!) seufzte dabei manches Paar lachende rote Lippen. Daß auch Paris lachement vendu et trahi par Trochu (= feiger Weise von Trochu verraten und verkauft sei), und zwar für 7 Millionen bar, wie vor drei Monaten Metz, konnte man auf einer Wanderung durch die Stadt mehrfach von redelustigen Patrioten zu hören bekommen. Der Glaube macht selig, und die Deutschen waren duldsame Leute!

Kronprinz Albert war mit seinem Stabe bereits wieder nach seinem Hauptquartier zurück geritten. Die Besatzungstruppen zogen fort und fort durch Double Couronne und La Briche hinein; das 27. und 93. Regiment und mit und nach ihnen lange Züge von Proviantwagen, Rinder- und Hammelherden, letztere beide Zweihuferarten ein Gegenstand besonderer fast zärtlicher Aufmerksamkeit seitens der Männer, Frauen und Kinder von St. Denis. Trotzdem diese eigentlich wenig hungerleidend aussahen, mochte es aber auch schon bien longtemps her sein, daß sie dergleichen weder lebendig, noch in der Form von Roastbeef und Koteletten gesehen und genossen hatten.

Das war der Deutschen Einzug in St. Denis unter Kronprinz Albert von Sachsen.

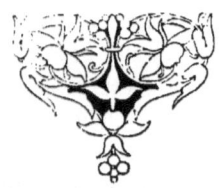

Die große Kaiserparade vor Paris
am 7. März 1871.

Wie blinken die Waffen, wie braust das Hurra,
Den Kaiser Wilhelm zu feiern;
Schmuck stehen zur großen Parade sie da:
Die Sachsen, die Schwaben, die Bayern.
An ihrer Spitze der Kronprinz von Sachsen
Dort, wo der blutige Lorbeer gewachsen:
Bei Villiers, wo mancher Held ist gesunken
Und der Boden so viel deutsches Blut hat getrunken!

Max Dittrich.

Seit König Wilhelm der Siegreiche von Preußen für sich und seine Nachkommen die Würde eines deutschen Kaisers angenommen hatte, ist kein Jahr vergangen, in welchem nicht das eine oder andere Armeekorps des deutschen Reichsheeres vom Kaiser selbst inspiziert wurde. Diese militärischen Kaisertage, welche für Heer und Volk des betreffenden Reichsgebietes immer unvergeßliche Festtage waren, gipfelten stets in der großen Kaiserparade, bei welcher die Truppen im vollen Glanz der Waffen und Uniform mit wehenden Fahnen und unter den schmetternden Klängen ihrer Defiliermärsche an dem Oberhaupte des deutschen Reiches und den in seiner Begleitung anwesenden Fürsten vorüber marschieren. Wer je einem solchen militärischen Schauspiel beigewohnt, wird es sicherlich nicht vergessen. Die beiden größten Kaiserparaden über deutsche Truppen, welche je abgehalten worden sind, fanden im Felde, auf französischem Boden, in nächster Nähe der bezwungenen Hauptstadt Paris statt und der heutige Sachsenkönig Albert stand bei diesen Paraden als Befehlshaber an der Spitze der Truppen.

Am 3. und 7. März 1871 war es, als zu jenen ersten beiden denkwürdigen Kaiserparaden angesichts der Hauptstadt von Frankreich viele tausende von Soldaten aus Nord- und Süddeutschland zusammengezogen wurden. Jene militärischen Schauspiele bildeten

den Schluß des siegesgewaltigen Feldzuges 1870/71 und für die
daran beteiligten Truppen zugleich die Entschädigung für den ihnen
versprochen gewesenen Einzug in Paris, welcher jedoch infolge der
schon am 2. März stattgehabten Vollziehung des Präliminar-Frie=
densvertrages durch die Nationalversammlung in Bordeaux unter=
bleiben mußte. Nach der ursprünglichen Anordnung sollten die aus
dem VI. und XI. preußischen, sowie dem II. bayrischen Armee=
korps gebildeten 30000 Mann, welche am 1. März Paris besetzten,
am 3. März durch das Gardekorps, die Gardelandwehrdivision
und 3000 Mann Festungsartillerie und Pioniere und diese wieder
am 5. März durch 15000 Mann vom XII. Armeekorps und 7000
Mann von der kgl. württembergischen Felddivision abgelöst werden.
Da der Einzug aus dem angegebenen Grunde unterbleiben mußte,
so fanden am 3. und 7. März die in Rede stehenden Kaiserparaden
statt und zwar am erstgenannten Tage über das Gardekorps auf
dem Longchamp und am letztgenannten Tage über das kgl. bayerische
I. Armeekorps, die kgl. württembergische Felddivision und das kgl.
sächsische XII. Armeekorps auf dem Schlachtfelde bei Villiers, bei
welcher Gelegenheit sich der Kaiser zugleich von seinen tapferen
Truppen verabschiedete, denn am 7. März verließ er schon Versailles,
wo er vom 5. Oktober 1870 an residiert hatte und kehrte nach Deutsch=
land zurück. Die Kaiserparade über das Gardekorps und Ab=
teilungen der Belagerungsartillerie und Pioniere am 3. März vor=
mittags 11 Uhr wurde zur selben Zeit abgehalten, als die vorge=
nannten 30000 Mann deutche Truppen, welche am 1. März Paris
besetzt hatten, die Stadt wieder verließen. Der Kaiser richtete nach
der Parade an die Kommandeure seiner Garden eine huldvolle
Ansprache des Dankes und der Anerkennung für die ausgezeichneten
Leistungen und die seltenen Beispiele von Tapferkeit, Hingebung
und Ausdauer, wodurch sich das Gardekorps erneut ausgezeichnet
und mit Ruhm bedeckt habe.

Die zweite Kaiserparade über Bayern, Württemberger und
Sachsen am 7. März auf dem blutgetränkten Schlachtfelde von
Villiers, das so vielen wackeren deutschen Truppen zum Sterbebett
geworden war, nahm einen erhebenden Verlauf und ist allen, die
dabei gewesen, unvergessen geblieben. Der Umstand, daß die Parade
auf denselben Feldern stattfand, auf welchen am 30. November und

2. Dezember soviel deutsches und speziell auch sächsisches Blut geflossen war und die Sachsen, wie die Württemberger sich dort unverwelkliche Lorbeeren gepflückt hatten, machte auf alle Teilnehmer einen erhebenden und ganz besonders feierlichen Eindruck. Auf zahlreichen Schiffbrücken bewerkstelligten die zur Parade befohlenen Truppen den Übergang über die Marne. Um 11½ Uhr war die Paradeaufstellung vollendet. Die ausgerückten Truppen standen in vier Treffen, Front gegen Paris, zwischen Noisy le Grand und Villiers und zwar im 1. Treffen: württembergische und bayrische Infanterie, im II. Treffen: die dazu gehörige Kavallerie und Artillerie, im III. Treffen: sächsische Infanterie in Bataillons-Kolonnen à 500 Mann, im IV. Treffen: ebenfalls Sachsen, nämlich das 1. und 2. Reiter-Regiment als Divisionskavallerie und 6 Batterien, eine kombinierte Pionier-Kompagnie, Sanitätskompagnie und eine Abteilung Train. Um 12 Uhr erfolgte die Ankunft des Kaisers mit zahlreichem und glänzendem Gefolge, bei welcher Gelegenheit auf Kommando des Kronprinzen von Sachsen im ganzen präsentiert und ein dreimaliges „Hurra!" ausgebracht wurde. Dann begann das Abreiten der Fronten.

Höher schlug das Soldatenherz, als der Kaiser, begleitet von dem sächsischen Kronprinzen und glänzendem Gefolge, die Reihen der Regimenter langsam abritt und überall grüßte. Hatten doch viele, die hier in Reih und Glied standen, des neugegründeten Reiches Oberhaupt und Oberfeldherrn, der die deutschen Heere von Sieg zu Sieg geführt, noch nicht persönlich geschaut. Auf dem von Granaten noch zerwühlten Boden, der nachdrücklich zu den Kriegern sprach, die vor wenig Monden in heißem Kampfe hier gerungen, erfolgte sodann der Vorbeimarsch. Die Infanterie defilierte in geschlossener Zugkolonne mit Gewehr über, die Kavallerie, mit halben Eskadrons im Schritt, die Artillerie in Batteriefront mit nicht aufgesessener Mannschaft im Schritt. Die vorzügliche Haltung der Truppen fand die lobendste Anerkennung, welche der Kaiser den nach der Parade versammelten Generalen und Stabsoffizieren, an ihrer Spitze Kronprinz Albert von Sachsen, zugleich mit den anerkennendsten Worten über der Truppen Ausdauer im abgelaufenen Kriege aussprach. Er sagte:

„Es gereicht mir zur besonderen Genugthuung und Freude,

heute auch einen großen Teil der Maas-Armee und der III. Armee am Schlusse dieses glorreichen Krieges versammelt und nach so vielen blutigen und entscheidenden Schlachten in einer so vortrefflichen Verfassung gefunden zu haben. Mit Stolz kann derjenige Teil der Truppen, welcher auf diesen blutgetränkten Feldern gefochten, das Zeugnis derselben für ihre Tapferkeit, für ihre Ausdauer und darum für ihren Sieg in Anspruch nehmen. Gleichzeitig mit unseren Siegen über den Feind haben wir aber auch in unserem Vaterland einen Erfolg erreicht, der so schnell und so vollständig kaum vorauszusehen war, denn Deutschland ist geeinigt und hat mich an seine Spitze berufen. Jetzt wird es darauf ankommen, im Frieden den Bau weiterzuführen, dessen Grundstein auch Sie mit Ihrem Blut und Ihrer Treue gekittet. An den Erfolgen der deutschen Waffen haben Eure Königl. Hoheit als Korps- und Armee-Kommandeur, unterstützt von Ihrem Königlichen Bruder Georg, einen eben so großen, als wirksamen Anteil. Möge Ihnen und den kommandierenden Generalen von der Tann und von Obernitz mein Händedruck auch meinen Dank und meine volle Anerkennung aussprechen. Leben Sie wohl, bis zum Wiedersehen in deutscher Heimat!"

Darauf reichte der Kaiser dem sächsischen Kronprinzen und den übrigen Genannten die Hand. Tief bewegt erwiderte der Kronprinz Albert auf diese hochehrenden Worte und hob in seiner Entgegnung hervor, daß jedermann nur seine Schuldigkeit gethan habe und daß Se. Majestät der Kaiser sich der steten und aufrichtigen Treue und Hingebung der deutschen Armeen für Allerhöchstseine Person und die Sache des Vaterlandes versichert halten möge. Kronprinz Albert schloß mit einem begeisterten Hurra für den erlauchten Oberfeldherrn, in welches die Truppen jubelnd einstimmten. Brausend klang die kriegerische Ovation dahin über die Wahlstatt, die nun zum Paradefelde geworden war. Dann sprengte der Kaiser mit seinem Gefolge davon.

Ohne Stockung und Störung verlief nach der Parade der abermalige Übergang der Truppen über die Marne und das Auseinandergehen vom Paradefelde, auf welchem über 42 000 Mann gegenwärtig gewesen waren. Da unter dem 11. März das königl. sächsische Armeekorps zur Besetzung der Departements Aisne und

Ardennes aus der fast sechs Monate innegehabten Zernierungslinie abmarschieren sollte, so nahm Kronprinz Albert von den Truppen der Maas-Armee durch folgenden vom Tage der ersten Kaiserparade vor Paris datierten Armeebefehl Abschied:

„Das deutsche Heer hat den höchsten Preis des Sieges errungen.

Der bezwungene Feind bittet um Frieden, seine kaiserlichen wie die Heere seiner Republik sind geschlagen, oder auf fremdes Gebiet geflüchtet. Tausende von Geschützen sind in unseren Händen, ein Drittteil Frankreichs mit seinen Festungen ist von uns besetzt und längst abgetrennte Provinzen kehren zum deutschen Reiche zurück.

Soldaten der Maasarmee!

Auch die Maasarmee hat ihren Ehrenteil am Siege. Neu geschaffen nach den ersten Ruhmestagen der II. Armee hat sie sich an den Ufern der Maas, in den Schlachten von Beaumont und Sedan ihren Namen erkämpft, ihr Banner getragen bis an die Ufer der Seine und Marne.

Gleich Euren Waffenbrüdern der III. Armee habt Ihr die feindliche Hauptstadt mit eisernem Arme umschlungen, mit gleicher Hingebung im feindlichen Geschützfeuer ausgeharrt, wie mit todesmutiger Tapferkeit jeden Ausfall und Durchbruchsversuch zurückgewiesen und unterstützt von der Kühnheit und Energie der Artillerie, wie dem unermüdlichen Schaffen der Pioniere, keinen Fuß breit Erde der von Anfang besetzten Linie dem Feinde überlassen.

So hat die Maasarmee fast auf jedem Schritte des weiten blutgetränkten Bodens von den Höhen von Villiers über den vorgeschobenen Posten von le Bourget bis zum Fuße des Valerien bleibende Denkmale errichtet dem deutschen Heldenmut ihrer Söhne.

Kameraden!

Die äußeren Bande, welche uns bisher vereinigt, werden bald gelöst, aber eng verbunden bleibe ich mit Euch im ehrenden Gedächtnis an unsere braven gefallenen Brüder in dankbarer Erinnerung an Euch und Eure Thaten, in dem stolzen Bewußtsein, an Eurer Spitze und durch Euch mitgewirkt zu haben an dem Siegeszug des deutschen Heeres.

Der Oberbefehlshaber der Maasarmee:
Albert,
Kronprinz von Sachsen.

Das war der 7. März 1871, einer der schönsten Ehrentage aus dem an stolzen und erhebenden Erinnerungen besonders reichen Leben des wie schon als Kronprinz so auch jetzt noch für sein Sachsenvolk und das deutsche Vaterland unentwegt thätigen Sachsenkönigs Albert.

Der Truppeneinzug in Dresden
am 11. Juli 1871.

Nun grüß' Euch Gott im Vaterlande,
Die langersehnt, ihr heimwärts kehrt,
Bekannte Ihr und Unbekannte,
Uns Brüder alle, lieb und wert!
Wie schauten in der Sehnsucht Bangen
Wir oft nach Euch in Angst und Schmerz.
Nun lasset jubelnd Euch umfangen
Und drücken an das frohe Herz.
Nun wallt Euch Dorf und Stadt entgegen
Und Freude füllt das ganze Land:
Heil Eurer Heimkehr, Heil und Segen,
Heil diesem Tage gottgesandt!

H. Hickmann.

Beinahe ein Jahr war verflossen, seitdem die tapferen sächsischen Truppen hinausgezogen waren zum Kampfe, den der übermütige Franzmann heraufbeschworen und der ihm so übel bekommen war. Zug auf Zug brauste damals durch die deutschen Gaue, hin nach dem grüngoldigen deutschen Rheinstrom, dem Zankapfel der Deutschen und Franzen. Nun war er unser, erstritten in tausend und abertausend Gefahren und Mühseligkeiten und soll auch unser bleiben, solang ein deutscher Arm das Schwert noch schwingen kann. Der heiße, blutige Kampf war zu Ende und frische Lorbeeren rankten sich um Fahnen und Standarten, um Lanze, Säbel und Gewehr, wie um die treuen Kanonenrohre.

Und wieder brauste nun Zug auf Zug auf dem eisernen Schienenwege daher durch Deutschlands Fluren, wieder waren Wagen und Lokomotiven mit Fahnen und Blumen geschmückt und wieder blitzten die Augen der wackeren Soldaten gar hell und freudig in die Welt, wie damals, als es dem Feinde „mit Dampf" entgegenging.

Doch so groß in jener Zeit auch die Begeisterung unter allen deutschen Stämmen war, so gern auch jeder deutsche Kriegsmann dem alten Erbfeind entgegenzog: die Rückkehr ins Vaterland, ins Elternhaus, zu Weib und Kind war doch noch viel schöner. Die Heimkehr der wackeren sächsischen Truppen glich einem wahren Triumphzuge; überall, wohin sie beim Rückmarsch in die Heimat kamen, wurden sie mit Jubel und Begeisterung empfangen, so in Mainz, Frankfurt a. M. und Kreuznach. In letzterer Stadt veranstaltete man ihnen zu Ehren sogar einen Ball, dem auch der Prinz Georg längere Zeit anwohnte. Der glänzendste Empfang ward den heimkehrenden Sachsen-Kriegern aber in Leipzig zu teil; gleichviel, ob Tag oder Nacht, die Leipziger und die schmucken Leipzigerinnen waren immer am Bahnhofe, um die siegreichen Landessöhne willkommen zu heißen, sie mit Speise und Trank zu erquicken und mit Blumen und Lorbeeren zu beschenken. Wenn dann aber die Soldaten weiter fuhren, dann schwenkten sie Mützen, Helme und Tschakos und ein donnerndes „Hurra! Hurra für Leipzig! Leipzig Hoch!" dankte den Bewohnern der gastlichen Pleißenstadt für den festlichen Empfang.

Am 29. Juni abends 10½ Uhr traf in Leipzig der Kommandant des königl. sächs. Armeekorps, Prinz Georg, Herzog zu Sachsen, ein und wurde von dem zahlreich versammelten Publikum enthusiastisch begrüßt. Der Vizebürgermeister der Stadt hielt eine Ansprache an den Führer des XII. Armeekorps und Fräulein Schnorr überreichte ihm einen Lorbeerkranz.

Am Einzuge in Dresden, welcher am 11. Juli 1871 stattfand, nahm nur die 1. Infanterie-Division Nr. 23 teil, die Regimenter der 2. Division Nr. 24 weilten noch in Frankreich. Die in Sachsen eintreffenden Soldaten bezogen Quartiere in den um Sachsens Residenz gelegenen Ortschaften, wo sie vielfach schon vor dem Einzug von ihren Angehörigen besucht wurden. Am 9. Juli waren die Truppen so auf dem linken Elbufer vereinigt, daß die größte Entfernung von Dresden 1½ Meile betrug. In diesen vorgeschobenen Quartieren hatten sämtliche Abteilungen am 10. Juli Rasttag und am folgenden rückten sie dann in den Morgenstunden in die zum Einzug bestimmte Aufstellung.

Die sächsische Königsstadt an der Elbe prangte im reichsten Festschmuck. Die Einzugsstraße begann am Kreuzungspunkte der Wiener- und Pragerstraße und war mit Festbauten, Flaggenwald,

Guirlanden, Kränzen und Triumphbogen geziert. Auf der Waisenhausstraße, dem Georgs= und Pirnaischen Platz stand Tribüne an Tribüne und wehten tausende von Fahnen. Am Eingang zur Landhausstraße erhob sich ein zweiter Triumphbogen und auf dem Neumarkt standen die Kolossalbüsten des Kaisers und seiner Paladine, sowie des Königs Johann neben Tribünen und einem Fahnenmastenwald. Einen weiteren Triumphbogen zeigte der Eingang zur Augustusstraße, die von Guirlanden dicht überrankt war, den Schloßplatz zierten Ehrenpforten und ein Fahnenwald. Der schönste Teil der ganzen Siegesstraße war aber ohne Zweifel die Augustusbrücke in ihrer reichen Ausschmückung.

Jeder Pfeiler war mit einem großen Mast und Fahne, sowie mit mehreren durch Guirlanden mit einander verbundenen kleineren Masten und mit je einer Säule geziert, deren Inschriften in chronologischer Reihenfolge die Orte und Tage der hauptsächlichsten Schlachten, Treffen und Kapitulationen des für die deutschen Waffen so ruhmreichen Feldzuges angaben. Auf den beiden höchsten Pfeilern der Brücke erhoben sich auf reich verzierten Säulen zwei gegen einander geneigte Viktorien, modelliert von R. Henze. Die eine Viktoria reichte den Einziehenden zwei Lorbeerkränze dar, während die andere Viktoria einen Lorbeerkranz und einen Palmzweig in der Hand hielt. Der Würfel der einen Seite war mit den Bildnisreliefs des Kronprinzen Albert und des Prinzen Georg geschmückt, während der Würfel der anderen Seite einen Eichen= und Lorbeerkranz mit einem Kreuze zeigte.

In der Hauptstraße der Neustadt, welche auch mit 38 eroberten französischen Geschützen garniert war und zwei Ehrensäulen für die noch in Frankreich weilende 24. Division zeigte, prangten alle öffentlichen und Privatgebäude im festlichen Schmuck, überall blinkten Kränze und Guirlanden, überall wiegten sich Fahnen und Wimpel im Sonnenschein. Der Albertplatz schloß die Eingangsstraße mit einer stattlichen Ehrenpforte ab. Auf dem Platze selbst erhoben sich eine Reihe großer Tribünen, darunter eine für das Königshaus.

Von all dem reichen Schmuck, welcher am 11. Juli 1871 die sächsische Residenzstadt zierte, sind nur jene zwei Velarien übrig geblieben und aufbehalten worden, welche damals in der Mitte der

Prager Straße und auf dem Neumarkte hingen. Sie wurden dem Kadettenhaus in der Albertstadt bei Dresden und der Fürstenschule St. Afra zu Meißen vom Rate zu Dresden geschenkt und hängen nun in den Turnhallen der erwähnten Bildungsanstalten. Das Velarium in Meißen stellt dar: Die Wiederkehr des von Volk und Heer freudig begrüßten Friedens: eine imposante Frauengestalt. Gemalt wurde dies Velarium zusammen von den Malern Scholz, Krüber und Hübner; letzterer malte den Frieden, Krüber die Volksgruppe links und Scholz die Gruppe sächsischer Soldaten, Repräsentanten aller Waffen, rechts. Das andere beim Truppeneinzug in Dresden am 11. Juli 1871 auf der Prager Straße verwendete und dem sächsischen Kadettenkorps verehrte Velarium wurde gemalt vom damaligen Direktor der Dresdner Kunstakademie Schnorr von Carolsfeld und stellt dar: Germania mit eichenkranzgeschmücktem Haupte und neben ihr Saxonia; erstere hält schirmend das deutsche Wappenschild über die durch allegorische Mädchenfiguren repräsentierten deutschen Gaue Elsaß und Lothringen.

Am Einzugstage herrschte schon in den frühesten Morgenstunden reges Leben in der Stadt. Viele Schaulustigen wanderten hinaus in den großen Garten, wo die Truppen zum Einzug aufmarschierten. Am Eingange zum großen Garten bei den beiden Vasen stand eine Tribüne. Dort fanden die Bekränzung der Feldzeichen und Verleihung der Eichenkränze für die Geschütze statt. Kurz nach $9^{1}/_{2}$ Uhr traf daselbst ein Zivilreiterzug ein und hinter demselben folgten vierzehn Wagen mit den Ehrenjungfrauen und den sie begleitenden Herren. Die Festgewänder der ersteren bestanden aus Mull- oder Tüllkleidung mit einer von der rechten nach der linken Hüfte zu gelegten schwarzweißroten Schärpe mit Eichenzweig, auf der linken Achsel eine weiß-grüne Schleife und im Haar einen Kranz oder sonstiges Arrangement von Eichenblättern ohne Chignon und Schmuck.

$9^{3}/_{4}$ Uhr ritten Prinz Georg mit zahlreichem Gefolge und kurz darauf auch der Kronprinz Albert in Begleitung seines Schwagers, des Prinzen Karl Theodor von Bayern, heran und wurden mit lautem donnernden Hurra und Hoch empfangen. Nach einer längeren Rede des Stadtverordneten=Vorstehers Hofrat Ackermann erfolgte sodann die Übergabe der Kränze. Zu=

nächst rückten die von je einem Offizier begleiteten zwölf Fahnenträger an die Tribüne heran und neigten ihre Fahne, an deren Spitze je ein Lorbeerkranz befestigt wurde; hierauf empfingen sechzehn dazu beorderte Offiziere von den verschiedenen Truppen-Abteilungen, teils zu Fuß, teils zu Pferde, gleichfalls je einen Kranz und zum Schluß erhielten die bezüglichen Mannschaften von der Artillerie die zum Schmuck der Geschütze bestimmten 72 Eichenkränze. Während dieses feierlichen Aktes spielte die links von der Tribüne stehende Militärmusik. Hierauf ritt Kronprinz Albert von einem glänzenden Gefolge begleitet, die Fronten der Truppen ab.

Kurz vor 11 Uhr erschien König Johann. Er überbrachte seinem Sohne, dem Kronprinzen, die Ernennung zum Generalfeldmarschall durch Kaiser Wilhelm und als sichtbares Zeichen der erlangten höchsten militärischen Würde den Marschallstab des Polenkönigs Sobiesky, der bisher im historischen Museum mit den vor Wien 1683 erbeuteten türkischen Trophäen aufbewahrt worden war. Dann ritt der König mit seinen beiden Heldensöhnen und begleitet von deren Gemahlinnen zu Wagen, sowie einer glänzenden Reiterwolke die Fronten ab, jedes Bataillon einzeln begrüßend und herzlich willkommen im Vaterlande heißend. Überall, wo sich die stattliche Kavalkade zeigte, wurde sie von den Truppen begeistert empfangen und als letztere gar den Marschallstab in der Hand ihres sieggekrönten Führers erblickten, da brauste ein dreifaches, weithin donnerndes Hurra dem von allen seinen Soldaten geliebten Führer der Maasarmee entgegen.

Zwischen 11¼ und 11½ Uhr begann sodann der Einmarsch in die Stadt. Den Zug eröffnete ein königlicher Polizeikommissar mit sechs berittenen Gendarmen, dahinter folgte, mit acht Trompetern voran, der Zivilreiterzug in sechs Abteilungen zu je fünf Mann, sodann kam eine Anzahl nicht eingeteilter Generäle, dann der Generalfeldmarschall, Kronprinz Albert von Sachsen, umgeben vom Oberkommando der Maasarmee, worunter sich u. a. befanden: Prinz Karl Theodor von Bayern, Generalmajor Prinz Schönburg, Prinz Reuß, der preußische Generalmajor und Generalstabschef der IV. deutschen Armee, von Schlotheim, der preußische Oberstlieutenant von Oppermann, der Major Schweingel, Major Kühne, Major von Welck, Major Schurig, Hauptmann Edler von der Planitz, Haupt-

9*

mann von Wurmb, Hauptmann und Adjutant Graf Vitzthum, der preußische Hauptmann Herrfurdt, der württembergische Rittmeister Freiherr von Wöllwarth, der bayrische Rittmeister von der Recke.

Es folgten nun, mit Ulanen- oder Reiteroffizieren voran, zwei Feldgendarmerie-Detachements zu je 24 Mann, die Kavallerie- und Infanteriestabswache, der kommandierende General, Prinz Georg, die Offiziere des General-Kommandos und die Truppen: nämlich die 1. Infanterie-Division Nr. 23, die Kavallerie-Division, die Korps-artillerie, die Deputation der Kolonnenabteilung, der Stab des Trainbataillons, die Deputation des Trains, der Feldlazarette, der Proviantkolonnen und der Feldpost. Begeisterte Hurra- und Hoch-rufe tönten den unter den schmetternden Klängen der Regiments-musik einziehenden Tapferen entgegen, Tücher und Hüte winkten ihnen den Willkommengruß entgegen und ein Regen von Blumen fiel aus schöner Hand hernieder auf die gedrungenen Gestalten in feldmäßigem Anzuge.

Einen überwältigenden Eindruck machte auf die Truppen die Schulkinder-Tribüne auf dem Georgplatze. Die fast sämtlich weiß-gekleideten, wohl über 1000 Mädchen, geschmückt mit Schärpen, sowie das muntere Chor der männlichen Jugend wurden nicht müde fast bis zu Ende des Zuges unter Musikbegleitung sowie die Spitzen der Regimenter vorüberkamen, die Wacht am Rhein, ab-wechselnd mit dem Sachsenliede: „Gott sei mit dir, mein Sachsen-land 2c." anzustimmen, mit den Tüchern zu schwenken und eine so herzliche Freude an den Tag zu legen, daß die Truppen immer wieder jubelnd nach dieser Tribüne, sowie nach dem Schulhause der 9. Bezirksschule, aus dessen Fenstern ebenfalls der freudige Zuruf von hunderten festlich gekleideter Mädchen ertönte, zurück-blickten.

Den Glanzpunkt bildete das Erscheinen des Kronprinzen Albert und des Prinzen Georg. Beide hielten lange vor der Tribüne, grüßten die Jugend auf derselben und im Schulhause, nachdem sie zuvor vom Stadtrat Walther und Direktor Heger begrüßt worden waren. Letzterer brachte im Namen der heranwachsenden Gene-ration, die diesen erhebenden Moment für ihr ganzes Leben sich tief in das Herze eingraben werde, ein in poetische Form gekleidetes Hoch auf den ruhmreichen Führer der Maas-Armee aus, während ein ebensolches Hoch Prinz Georg, als den tapferen Führer unserer Truppen und unserer Söhne, feierte.

Auf dem Neumarkte erfolgte die Begrüßung durch die Vertreter der Stadt. Kronprinz Albert ritt daselbst aber zuerst zur Invalidentribüne und reichte dort einem der versammelten Invaliden die Hand. Dann wandte er sich zur Damentribüne, wo ihm Fräulein Elisabeth Bierling einen Lorbeerkranz überreichte und dazu Verse von Rudolf Genée sprach. Dieselben lauteten:

> Mit einem Glorien-Kranz von großen Thaten,
> Dem heißgeliebten Vaterland zum Heil,
> Hast Du Dich selbst geschmückt für alle Zeiten,
> Der schönste Lohn, er ward Dir schon zu Teil.
> Nicht für den Ruhm, nein, für des Landes Frieden
> Hast Du gekämpft in mancher heißen Schlacht,
> Gesichert sind des Vaterlandes Grenzen,
> Der Einheit Tempelbau, er ist vollbracht.
> Dein Name glänzt in der Geschichte Blättern,
> Für der Walhalla Schmuck bist Du erkürt;
> Nimm gütig denn von uns des Dankes Zeichen,
> Das Deinem fürstlich hohen Haupt gebührt:
> Dem ritterlichen Sieger diese Krone, —
> Heil, ew'ges Heil dem edlen Königssohne!

Der Kronprinz erwiderte auf die ihm dargebrachte Huldigung folgende Worte: „Ich danke Ihnen in meinem Namen und im Namen meines Armeekorps für den glänzenden und herzlichen Empfang; so enthusiastisch und begeistert hätten wir ihn nicht erwartet. Wir haben uns alle auf den heutigen Tag gefreut und ihn herbeigesehnt, aber was wir heute empfunden, hat alles übertroffen; ich freue mich, Ihnen das aussprechen zu können, und danke der Stadt und Ihnen für diesen Empfang".

Dann begrüßte den Kronprinzen der Oberbürgermeister Pfotenhauer durch eine Ansprache, welche folgendermaßen lautete:

Durchlauchtigster Fürst!

Allverehrter Kronprinz und Herr!

Zum zweiten Male empfängt Ew. Königl. Hoheit heute die Vaterstadt in ihrer festlichsten Gewandung und begrüßt Sie laut jubelnd in dankbarster Freude.

Sachsens Hauptstadt feiert die Heimkehr der Mehrzahl der tapferen Truppen vom XII. Armeekorps, feiert mit dem ganzen Sachsenlande den Einzug des sieg= und ruhmgekrönten Feldherrn, unter dessen heldenmütiger Führung Sachsens tapfere, todesmutige Söhne und die Maasarmee im brüderlichen Vereine mit Gesamt= deutschlands Heerscharen den frevelhaften Übermut des Feindes zu Boden warfen.

Mit stolzer Freude und Genugthuung sehen wir Ew. Königl. Hoheit heute, umringt von den an Ehren reichen Repräsentanten jener trefflichen Maasarmee, die Sie zum Kampf und Sieg geführt, und entbieten auch ihnen, den tapferen Streitern allen, unseren Gruß und unserer Herzen Dank.

Ja wahrlich, dieser Dank wird sich um so gewisser vererben von uns auf alle kommenden Geschlechter, je mächtiger und nach= haltiger die Segnungen des Friedens, zu dessen Herbeiführung unsere Söhne und Brüder und die Maasarmee den Grundstein legen halfen, sich über Deutschland ergießen und die schmerzlichen Wunden alle, die der aufgezwungene Krieg auch uns geschlagen, vernarben lassen werden.

So nehmen Sie denn hin, Königl. Hoheit, diesen Dank des Vaterlandes, den wir Ihnen und allen Ihren treuen Waffen= brüdern aus Herzensgrunde jetzt entgegenbringen und es geleite Sie auf der Triumph= und Ehrenbahn, die wir Ihnen inmitten unserer Stadt bereitet haben, unser Jubelruf: "Hoch lebe der heldenmütige Führer der Sachsen und der Maasarmee, Reichs-Feld- marschall Kronprinz Albert von Sachsen!"

Nachdem der brausende Hochruf verklungen war, erwiderte der Kronprinz: "Ich bin stets gewohnt gewesen, daß meine liebe Vaterstadt Dresden in allen Dingen voran ist, welche das Wohl des Vaterlandes betreffen" — Rührung und Freude durchzitterten die Stimme des Mannes, der doch auf den Schlachtfeldern sich so oft bewährte; er ergriff die Hand des Oberbürgermeisters und bat ihn mit kurzen, raschen Worten: "Ich danke Ihnen, von Herzen, danke ich Ihnen, und sagen Sie auch der Stadt meinen innigsten, freudigen Dank" und langsam ritt er davon, immer aufs neue jubelnd begrüßt.

Nachdem der Feldherr mit seinem Gefolge vorüber war, kam an der Spitze der Offiziere des Generalkommandos der Führer des sächsischen Armeekorps, Prinz Georg. Auch ihm wurde ein Lorbeerkranz, durch Fräulein Johanna Schaffrath, überreicht; die Begrüßungsrede des Oberbürgermeisters aber schloß mit einem dreifachen Hoch auf die siegreiche sächsische Armee und deren heldenmütigen Führer, Herzog zu Sachsen.

In unaufhaltbarem Strome ergossen sich dann zwischen den Tribünen hin die Truppen in der früher angegebenen Reihenfolge und fast jeder Führer einer Abteilung wies seine Leute zuerst auf die Invaliden hin, welche ihren Kameraden zujubelten und begrüßte hierauf die Vertreter der Stadt, sodaß eine fast unaufhörliche Folge wechselseitiger, jubelnder Zurufe sich bildete. Weiter zogen nun die Truppen durch die Augustusstraße über die Brücke und durch die Hauptstraße, wo die im harten Kampfe eroberten Geschütze einen großartigen Ausbruch der Begeisterung hervorriefen.

Auf dem Bautzener Platz harrten mehrere tausend Menschen dem Kommen unserer Braven und boten mutig den brennenden Sonnenstrahlen Trotz. Nach 12 Uhr erschienen zu Wagen die Damen des königlichen Hauses und kurz nach $12^{1}/_{4}$ Uhr König Johann zu Pferde. Brausender, nicht enden wollender Jubelruf, Hüteschwenken, Tücherwehen, womit sich die feierlichen Töne sämtlicher Glocken der Stadt verbanden, begrüßte das Erscheinen des geliebten Monarchen. Gegen 1 Uhr endlich nahte der in der schon angegebenen Weise zusammengesetzte Zug der tapferen Sachsen. „Sie kommen! Sie kommen!" jubelte es von allen Seiten.

König Johann nahm seinen Platz rechts von dem königlichen Zelt; neben ihm hielt der sächsische Kriegsminister General von Fabrice. Schon die voraureitenden Herren vom Zivil wurden enthusiastisch empfangen, doch als dann die Heldengestalt des Kronprinzen Albert von Sachsen, den Feldmarschallstab in der Rechten und das Großkreuz des eisernen Kreuzes um den Hals, hochaufgerichtet auf seinem Rosse die Straße daherkam, da brauste ihm von allen Seiten ein so gewaltiges Hurra entgegen, wie es wohl noch nie in Dresdens Mauern erklungen ist und nur allmählich legte sich der Sturm der Begeisterung. Kronprinz Albert ritt an die Seite seines erlauchten Vaters, der ihm dankend die Hand reichte. Die Offiziere vom Oberkommando der Maasarmee, welche vor dem Kronprinzen geritten waren, die Deputierten der preußischen Garde-Kürassiere, der 16er uckermärkischen Ulanen, deren Chef Prinz Georg war seit dem Truppeneinzug in Berlin, und der Garde-Husaren ritten auf auf dem rechts vom Königszelte dazu reservierten Rundteile, ebenso Prinz Georg, dem gleichfalls begeisterte Hochrufe entgegentönten, sowie die Regimentskommandanten, während des Defilierens ihrer Leute.

Und nun kamen sie heran, die bärtigen, von Wind und Wetter gebräunten Gesellen, die eisernen Glieder der im Frankenlande rastlos vorwärts, immer vorwärts, von Sieg zu Sieg geeilten Infanterie und ihrer Kameraden, der flinken, hurtigen Jäger, da ritten sie hoch zu Roß die markigen Gestalten der sächsischen Kavallerie, die schneidigen Reiter und Ulanen, da rückten sie heran, die selten fehlenden Kanoniere und die braven Fahrer von der sächsischen Artillerie hinter und vor den treuen Kanonenrohren, die den Franzosen so wacker zum Tanze aufgespielt. Auch die Sanitäts- und Train-Mannschaften, die Feldpost und die freiwilligen Felddiakonen wurden freudig begrüßt.

Hell blitzten aller Augen und stolz marschierten die Braven an ihrem König vorüber. Die Infanterie defilierte in Sektionskolonnen, die Kavallerie in Zügen und die Artillerie zu zwei Geschützen. Den Regimentern, deren Chef Kronprinz Albert war, wurde übrigens die hohe Ehre zuteil, daß ihnen derselbe entgegensprengte und, an ihrer Spitze reitend, sie bis zu seinem königlichen Vater heranführte. 2½ Uhr war das Defilieren und mit ihm der Einzug beendet.

Nachmittags 5 Uhr begann auf der unterhalb des Waldschlößchens gelegenen Sängerfestwiese das zu Ehren der heimkehrenden Krieger veranstaltete Fest. Es war auf dem erwähnten Platze ein Festlager aufgeschlagen worden, wo die Soldaten bewirtet wurden. Jeder Mann erhielt ein halbes Pfund Brot und ein halbes Pfund kalten Braten, sowie drei Glas Bier. Mehrere Orchester spielten ununterbrochen fröhliche Weisen und die Krieger sangen ihre Lieder dazu; auch einige Tanzplätze waren aufgeschlagen worden. Der Festplatz war durch eine Menge Restaurationszelte für das Publikum begrenzt, welche nach den hervorragendsten Heerführern benannt worden waren. Viele Fahnen und Flaggen, deren Stangen durch grüne Ranken mit einander verbunden waren, gaben dem Platze einen ebenso festlichen wie bunten Schmuck.

Drei Böllerschüsse zeigten den Beginn des Festes an; von 5 bis 6½ Uhr war Konzert, und von 6½ bis 9 Uhr fand auf gegebenes Hornsignal die Bewirtung der Mannschaften an den verschiedenen für sie bestimmten Plätzen statt. Bei einbrechender Dunkelheit wurden eine Menge Lampions, große Talgpfannen und kleine, im Grase stehende Talgnäpfchen angezündet und die durch die Reihen der Lichtflämmchen markierten Linien der einzelnen Abteilungen und Hauptplätze der Festwiese spiegelten sich wider in den Wellen des heimischen Elbstroms. Einen herrlichen Anblick gewährte die prächtig illuminierte Kaskel'sche Sommerwohnung am linken Elbufer, sowie die gleichfalls im Lichterglanz strahlenden Villen zunächst dem Waldschlößchen; auch letzteres selbst schimmerte im Glanze vieler tausend Flämmchen. Gegen 9 Uhr erschien König Johann, sowie die beiden Prinzen mit ihren Gemahlinnen auf dem Festplatze und wurden begeistert empfangen. Während König Johann nach kurzer Rast in dem für die königliche Familie reservierten Zelte und nachdem er zu Fuß den Festplatz besichtigt, wieder nach der Stadt zurückfuhr, verweilten seine beiden Heldensöhne noch längere Zeit auf dem Festplatze und besichtigten, ihre Gemahlinnen am Arm, zu Fuße die einzelnen Abteilungen des improvisierten Lagers in eingehendster Weise.

Die beiden hohen Paare waren bei diesem ihren Rundgang dicht von der begeisterten Volksmenge gleich einer Ehrenwache umgeben, immer von neuem brach dieselbe in brausende Hurra- und Hochrufe aus und überall, wo sich die beiden sächsischen Heerführer mit ihren Gemahlinnen zeigten, wollte der Jubel, die Freude kein Ende nehmen. Gegen 10 Uhr erst fuhren die prinzlichen Paare nach der Stadt zurück und von allen Seiten rief die enthusiasmierte Menge dem Feldmarschall Albert von Sachsen und seiner erlauchten Gemahlin, sowie dem General Georg von Sachsen und dessen Gemahlin noch eine gute Nacht und Hurra! nach. Die Soldaten tanzten und sangen, jubelten und jauchzten noch lange Zeit, bis auch sie um 11 Uhr ein Regenwetter ins Federland jagte.

Die Erinnerung an den 11. Juli 1871 wird, gleichwie das Andenken des für die deutschen Heere so ruhmreichen Feldzugs gegen Frankreich bis in die späteste Zeit fortleben und in der deutschen wie sächsischen Geschichte mit unvergänglichen Lettern verkünden, was Sachsens damaliger König und seine beiden Heldensöhne, was Sachsens Heer, was Sachsens Volk in dem siegesgewaltigen Jahre 1870/71 fürs große deutsche Vaterland gethan!

Die Sächsischen Kriegerdenkmale
aus den Feldzügen des Königs Albert.

Drei Wanderstudien.

1. Das Sachsengrab auf dem Kirchhofe zu Satrup.

Der heutige Sachsenkönig Albert ist mit seinen Soldaten dreimal ins Feld gezogen: 1849 nach Schleswig, 1866 nach Böhmen und 1870 nach Frankreich. In allen drei Feldzügen wurde die sächsische Waffenehre stahlblank erhalten und frischer Lorbeer gebrochen für die grün-weißen Rautenkranzbanner; in allen drei Feldzügen besiegelten aber auch viele Soldaten und Offiziere der sächsischen Armee den geleisteten Eidschwur der Treue mit ihrem Herzblute und schlafen nun schon Jahrzehnte lang, fern der Heimat, fern den Ihren, in fremder Erde. An den Opfertod der Sachsen in jenen drei Kriegsjahren gemahnen im Norden des Reichs, auf Böhmens Fluren und draußen im neuen deutschen Westgau noch heutigen Tages Gräber und Denkmale und erzählen von den damaligen Waffenthaten. Nachstehend zunächst etwas Näheres von jenem Sachsengrabe hart am Ostseestrande, über das nun schon mehr als vier Jahrzehnte lang der Sturm im Verein mit der Brandung des Meeres seine Schlummerlieder singt.

Es war am Jungostertag des Jahres 1849, als auf dem wunderbar schön gelegenen Friedhofe zu Satrup unweit der Kirche, deren stattlicher Turm in den Feldzügen der Deutschen gegen die Dänen von ersteren vielfach als Beobachtungspunkt der feindlichen Stellungen benutzt worden ist, ein großes offenes Grab zum Himmel gähnte. Drinnen im Gotteshause aber lagen diejenigen, für welche man es ausgeschaufelt hatte. Es waren Opfer des am

Freitag vorher um den Besitz der Düppeler Höhen ausgefochtenen Kampfes, welcher mit der Niederlage der Dänen geendet hatte. Der Beerdigungsfeier wohnten außer Deputationen der einzelnen sächsischen Regimenter und vielen Offizieren noch bei: der jugendliche Prinz Albert von Sachsen, welcher am 13. April die Feuertaufe des Kriegsmannes so glänzend bestanden hatte, der hannöversche Generalmajor von Winnecken mit seinem Stabe, endlich Rittmeister Graf Münster als Vertreter des höchstkommandierenden preußischen Generals von Prittwitz. Von den 27 Toten, welche die Sachsen in dem Gefechte bei Düppel verloren hatten wurden auf dem Gottesacker zu Satrup 15 begraben, darunter 3 Offiziere; außerdem schlafen noch in demselben Grabe ein Hannoveraner und ein Däne.

Nicht weit von dem Sachsengrabe befand sich dasjenige der Hannoveraner. Beide wurden in der Folgezeit mit Gedenktafeln geschmückt, deren Inschriften aber im Laufe der über sie dahin gezogenen Jahre verblaßten, obschon die Tafel der Sachsen aus Erz gegossen war. Das Jahr 1864 verstärkte die deutsche Totenfeldwache auf dem Friedhofe zu Satrup sehr erheblich und viele neue Kriegergräber erhoben sich damals zunächst dem Sachsengrabe.

Dieses selbst ist ein gerundeter Steinhaufen und zeigt eine eiserne Platte mit goldener Inschrift auf einem Steinsockel. Letzterer enthält zur Erinnerung an die Thatsache, daß gedachte Platte auf Veranlassung des Vorstandes vom Dresdner Verein Schleswig-Holsteinischer Veteranen mit Hilfe des kgl. sächsischen Kriegsministeriums erneuert worden ist, folgende Worte: „Erneuert durch die Vereinigung Schleswig-Holsteinischer Veteranen 1849 zu Dresden im Jahre 1849." Die Inschrift der Platte dagegen lautet wie folgt:

Hier ruhen

Hauptmann von Holleufer	vom	3.	Schützen-Bataillon
Oberlieutenant von Naundorff	„	2.	„ „
„ von Liebenau	„	3.	Infanterie-Regiment
Sergeant Hörig	„	3.	„ „
„ Krause	„	3.	„ „
Soldat Hunger	„	2.	„ „
„ Weber	„	2.	„ „
„ Küttner	„	2.	„ „

Infanterist Müller vom 1. Hann. leicht. Bataillon
Jäger Müller „ 3. Schützen-Bataillon
„ Starke „ 3. „ „
Schütze Kühler „ 3. „ „
„ Tod „ 3. „ „
„ Dämmig „ 2. „ „
Kanonier Auster „ Fuß-Artillerie-Regiment
„ Bunse „ „ „ „
und ein dänischer Soldat.

Sie starben den Ehrentod auf dem Düppeler Berge
am 13. April 1849
Ihrem Andenken gewidmet von ihren Waffenbrüdern
der Königl. Sächs. Brigade.

Dem Sachsengrabe ist gleich den anderen Ruhestätten tapferer Soldaten die Tochter des Pastors von Satrup, Fräulein Dora Jessen im Pastorat Schnabeck, eine gar treue Pflegerin, wie ihr ehrwürdiger Vater bei der Erneuerung gedachter Grabplatte den sächsischen Veteranen in Dresden in der freundlichsten und liebenswürdigsten Weise entgegen gekommen ist, so daß die pietätvolle Erfüllung dieser Ehrenpflicht der alten Soldaten gegen ihre meist wohl längst vergessenen Kriegskameraden rasch und zweckmäßig erfolgen konnte.

---

2. Das Sachsendenkmal und der Kirchhof von Problus.

Zum Andenken an die Waffenthaten der sächsischen Truppen im Feldzuge des Jahres 1866 und an die damals Gefallenen — die Sachsen verloren am 29. Juni 27 Offiziere und 586 Mann und am 3. Juli 59 Offiziere und 1489 Mann — sind sowohl bei Gitschin, wie vor dem Dorfe Problus gleichartige steinerne Denkmale errichtet und am ersten Jahrestage der Schlacht bei Königgrätz, 3. Juli 1867, feierlich eingeweiht worden. Es sind stattliche Obelisken, umfriedet von einer Heckenanlage aus Zwerg-Nadelholz. Acht eiserne Kegel, durch starke Ketten mit einander verbunden, umschließen das Monument. Dasjenige bei Problus erhebt sich dicht bei der vor dem Dorfe gelegenen Sandgrube, wo am 3. Juli 1866 beim Rückzug der Sachsen aus Nieder-Prim das Sammeln und Formieren der Leib- und 2. Infanterie-Brigade erfolgte und bis zu diesem Zeitpunkte sächsische und österreichische Geschütze den Artilleriekampf mit den bei Lubno-Hrabek aufgefahrenen preußischen Batterien geführt hatten. Die Problus zugekehrte Seite ist mit dem von einem vollen Eichenkranz umrahmten sächsischen Königswappen geschmückt, darunter steht der Wahlspruch des sächsischen Königshauses Providentiae Memor (= Der Vorsehung eingedenk!) und darüber die Devise des sächsischen St. Heinrich-Ordens Virtuti in Bello (= Der Tapferkeit im Kriege). Auf der hinüber nach den damaligen preußischen Stellungen schauenden Vorderseite des Obelisken sind die Widmungsworte eingegraben:

Das
Kgl. Sächsische
Armee-Korps
seinen
am 3. Juli 1866
auf dem Felde
der Ehre
Gefallenen.

Vom Standorte des Sachsendenkmals vor Problus aus hat man einen umfassenden Rundblick auf denjenigen Teil des Schlachtfeldes von Königgrätz, wo der linke Flügel der österreichischen Stellung sich befand und mit der preußischen Elbarmee ins Gefecht kam. Die Probluser Höhe mit dem Dorfe, dessen Gehöfte die beiden Seiten der auf die massive Kirche mit Friedhof stoßenden Straße einsäumen, wurde am 3. Juli 1866 von den Sachsen hartnäckig und geschickt verteidigt; hier hielt Kronprinz Albert mit zäher Tapferkeit den kampflustigen Regimentern der preußischen Elbarmee stand. Die Stellung bei Problus bildet die zweite Höhenetage der Wahlstatt; die erste der Höhenzug Hrabek-Lubno und die dritte das Dorf Chlum, dessen weiße Kirche weithin sichtbar ist; zwischen diesen drei Höhenzügen liegen auf Bergesrücken und in Thalmulden größere und kleinere Waldabschnitte, Dörfer und einzelne Gebäude, um welche am 3. Juli 1866 ein heißer Kampf wogte und die dabei vielfach in Flammen aufgingen.

Die meisten Sachsen, von denen eine Anzahl auch in der sumpfigen Niederung bei Nechanitz auf dem Grund und Boden des Grafen Harrach zusammen mit Preußen und Österreichern die letzte mit Denkmalen geschmückte Ruhestätte gefunden haben, liegen in Problus begraben, dessen Boden gar viel Sachsenblut getrunken. Wie heiß und blutig der Kampf um Problus gewesen ist, das predigt noch heutigen Tages der dortige Kirchhof, in dessen Mitte das einfache katholische Gotteshaus steht. Er war am 3. Juli 1866 der Schauplatz eines langen erbitterten Gefechts. Jetzt reiht sich hier entlang der Friedhofsmauer Monument an Monument, Denkstein an Denkstein und hunderte von Soldaten, welche auf dem Felde der Ehre geblieben sind, oder tödlich verwundet wurden, fanden hier die letzte Ruhestätte. Nach einer Denkmals=Inschrift wurden hier unter andern in einem einzigen Massengrabe beerdigt: 130 preußische, 100 sächsische und 70 österreichische Soldaten.

Gleich beim Eintritt in den Gottesacker fällt der Blick auf das Sachsendenkmal, einen Eisenwürfel von grüner Farbe, auf dessen oberer Fläche Lorbeerkränze einen Reiterhelm, Säbel und Pistol umflechten. Das sächsische Königswappen ist auf den Seitenflächen angebracht; andere nennen die Namen von Offizieren, welche bei Königgrätz gefallen oder in den Feldhospitälern ihren schweren Wunden erlegen sind. An der Stirnseite des Denkmals liest man folgende Widmungs=Inschrift:

Sachsens
tapferen Söhnen das
Vaterland 1868.

Rechts vom Eingange des Friedhofes stehen die beiden Monumente, welche von österreichischen Regimentern ihren gefallenen Kameraden errichtet worden sind. Das erste, ein hoher Obelisk mit Helm, Küraß und Pallasch, ehrt das Andenken des 8. Kürassier=Regiments, das zweite zeigt auf breiter Obeliskfläche über zwei gekreuzten Jägerbüchsen den österreichischen Feldjägerhut und gilt den Gefallenen des 29. Feldjägerbataillons. Auf der anderen Seite, sowie an der Hintermauer des Friedhofes stehen eine Reihe Grabmale und Denksteine, Pyramiden und Obelisken, von verschiedenen preußischen Regimentern aufgerichtet. Das erste zeigt folgende Inschrift: „Das 5. westfälische Infanterie-Regiment Nr. 57 seinen am 3. Juli 1866 gefallenen Offizieren und Kameraden." Auf dem zweiten steht zu lesen: „Das Offizierkorps des 4. westfälischen Infanterie-Regiments Nr. 17 seinen gefallenen Kameraden und Mannschaften. Die Widmung des dritten Grabmals lautet: „Die Offiziere, Unteroffiziere und Mannschaften des 7. westfälischen Infanterie-Regiments Nr. 56 ihren Gefallenen." Die Söhne der roten Erde stürmten am 3. Juli 1866 mit todesmutiger Tapferkeit das hartnäckig verteidigte Problus und erlitten dabei schwere Verluste.

Außer den sächsischen Armee-Denkmalen bei Problus und Gitschin wurden 1867 und 1868 in Böhmen auf den Schlachtfeldern und auf Friedhöfen folgende Denkmale zum Gedächtnis der 1866 gebliebenen Sachsen von dem königl. sächsischen Kriegsministerium errichtet: je eine Steinpyramide für Sachsen und Österreicher zusammen in der Parkanlage von Neu-Bibschow auf der Höhe bei Lipa, an der Fasanerie von Hrabek bei Nechanitz, auf dem Begräbnisplatze bei Lipun und auf dem Friedhofe bei Krüstic bei Turnau, sowie je ein eisernes Grabmal in Würfelform auf dem Friedhofe zu Problus und Gitschin. Wie letztere aussehen, wurde bereits bei der obigen Beschreibung des Friedhofes in Problus mitgeteilt. Die vorerwähnten Steinpyramiden dagegen zeigen kriegerische Embleme und dieselben Inschriften, wie die Eisenwürfel; die übrigen Seiten aber sind besäet mit den Namen der unter den Pyramiden zum letzten Schlaf gebetteten Tapferen.

---

3. Das Sachsendenkmal vor St. Privat la Montagne.

Den im Feldzuge gegen Frankreich 1870/71 Gebliebenen des königl. sächs. (XII.) Armeekorps ist vor dem Dorfe St. Privat la Montagne, wo gar viele Sachsenhelden die ewige Feldwacht beziehen mußten, ein stattliches Denkmal errichtet worden. Bei St. Privat bestand bekanntlich am 18. August 1870 das Sachsenheer

Schulter an Schulter mit der preußischen Garde die Feuertaufe in glänzender Weise, es führte durch sein Eingreifen ins Gefecht die Entscheidung der Schlacht bei Gravelotte herbei und zwar durch die Umgehung der feindlichen Stellung bei Roncourt, welche der Kronprinz Albert befohlen hatte.

Die Einweihung des Sachsendenkmals vor St. Privat erfolgte am 31. Juli 1873 in feierlichster Weise. Aus Sachsen hatten sich mehrere Generale und zahlreiche Deputationen der sächsischen Truppen mittelst Extrazuges nach Metz begeben: 70 Offiziere und 170 Unteroffiziere und Soldaten vertraten alle Waffen und Chargen des XII. Armeekorps. Das im Elsaß, zu Straßburg und Schlettstadt garnisonierende 6. sächsische Infanterieregiment Nr. 105 hatte ein kombiniertes Bataillon mit den Offizieren, den Fahnen und der Musik des Regiments nach Metz gesandt, welches die Ehrenparade bildete, und aus den Mannschaften des in Metz liegenden sächsischen Fußartillerie-Regiments und Festungsgeschützen war eine Batterie gebildet worden, deren Bespannung das königl. preuß. Feldartillerie-Regiment No. 15 übernommen hatte. Der komandierende General des XV. Armeekorps, General von Fransecky, kam von Straßburg nach Metz, um mit dem Gouverneur dieser Festung, General von Glümer, der Feier beizuwohnen, während sich der General von Manteuffel, Oberbefehlshaber der deutschen Okkupationstruppen in Frankreich, durch den Major seines Stabes, von Bergen, vertreten ließ. Das sächsische Kronprinzenpaar und Prinz Georg waren gleichfalls nach Metz gekommen, um an der Feier teilzunehmen; die hohen Herrschaften mußten aber infolge eines Telegramms aus Pillnitz, welches die schwere Erkrankung des Königs Johann meldete, am 30. Juli die Rückreise nach Sachsen antreten. Die Einweihung gestaltete sich zu einem ebenso erhebenden wie großartigen Akte.

Am 31. Juli vormittags gegen 10 Uhr nahm das kombinierte Bataillon gegenüber dem Denkmale Aufstellung. Die Batterie fuhr seitwärts des Dorfes St. Privat auf und die von den königl. preußischen und bayrischen Regimentern der Garnison Metz gesendeten zahlreichen Deputationen umgaben sodann das Denkmal mit denen der Sachsen aus der Heimat von den übrigen Seiten, so daß ein Viereck gebildet wurde. Die Festversammlung, die sich nach und nach an dem mit Blumen und Lorbeerkränzen geschmückten Denkmal gruppierte, zählte alle Kommandeure der in Metz stehenden preußischen Truppen, alle Stabsoffiziere dieser Garnison, viele Damen, sowie den Bezirkspräsidenten, Grafen von Arnim-Boitzenburg mit Gemahlin und mehrere andere Zivilpersonen. Die Feier begann, als der kommandierende General von Fransecky mit dem ältesten zur Feier gesandten sächsischen Generalmajor, dem berühmten Reiterführer Senfft von Pilsach, erschien. Letzterer trat an das Denkmal heran und verlas nach einigen einleitenden Worten über die Abreise des Kronprinzen von Sachsen in dessen Auftrage die nachstehende zündende Ansprache:

„Hier, wo es dem sächsischen Armeekorps zum erstenmal in dem vergangenen Feldzuge vergönnt war, werkthätig am Kampfe teilzunehmen, um unter den Augen des deutschen Kaisers an der Seite seiner heldenmütigen Garde hier entscheidend eingreifen zu können, hier will es den vielen Kameraden ein Denkmal setzen, die ihr Blut im gerechten Kampfe für Deutschlands Ruhe und Deutschlands Ruhm verspritzt haben, nicht nur auf diesem Schlachtfelde, sondern in allen Schlachten und Gefechten des denkwürdigen Krieges 1870/71, wo Sachsen Mitkämpfer waren.

Möge es sein ein Zeichen unseres Schmerzes über ihren Verlust, doch auch unseres gerechten Stolzes über ihre Thaten. Möge es sein eine Mahnung an unsere Nachfolger, es diesen gleich zu thun in Opfermut und Todesverachtung.

Und sollte auch versucht werden, diesen Boden, der ja mit ihrem Blute errungen, Deutschland wieder zu entfremden, so sei es ein Unterpfand, daß die Sachsen wieder Schulter an Schulter mit den anderen deutschen Stämmen stehen werden und ihr Blut vergießen für Kaiser und Reich, für das geliebte, deutsche Vaterland!"

Die Weiherede hielt der frühere Feldprediger, Oberpfarrer Schelle aus Reichenau, der damit schloß, daß Redner allen Sachsengräbern den Segen erteilte. Darauf krachten die Ehrensalven des Bataillons und der Batterie und auch von Fort St. Quentin, das heute Veste Friedrich Karl heißt, rollte der Donner der Geschütze herüber, zu welchem Ehrengruße der Kaiser besonderen

Befehl gegeben hatte. Das Defilieren der Truppen vor dem Denkmale und dem kommandierenden General beendete die Feier.

Mehr als ein volles Vierteljahrhundert ist nun schon dahingerauscht im Strome der Zeit, seitdem die Schlacht bei St. Privat geschlagen wurde und mancher Sachse ist inzwischen auf dortiger Wahlstatt in der Westmark des Reiches gewesen, wo dereinst das schneidige Sachsenschwert die Entscheidung der Schlacht herbeiführte. Massenbesuche aus der Heimat sah das Sachsendenkmal im August 1887 und im Juli 1890 gelegentlich von Extrazügen, die aus Sachsen nach dem Reichslande veranstaltet wurden, eine vaterländische Idee, welche der Verfasser dieser Blätter bereits für den zehnjährigen Gedenktag der Schlacht bei St. Privat in der sächsischen Tages- und Kriegervereins-Presse angeregt hatte. Damals kam die Ausführung nicht zu stande, statt dessen aber wurden von den in einzelnen Vereinen alter Soldaten für gedachten Zweck bereits gesammelten Geldmitteln gelegentlich der vom Kommando des sächsischen Fußartillerie-Regiments Nr. 12 in Metz veranstalteten Gedenkfeier der Schlacht von St. Privat am Sachsendenkmale tausende von stattlichen Eichen- und Lorbeerkränzen beschafft und nach Metz für die Sachsengräber übersandt. Seit dem 18. August 1880 ist auch das Sachsendenkmal mit freundlichen Anlagen umgeben, wozu die Mittel, 250 Mark, durch Militärvereine von Chemnitz damals aufgebracht und dem damaligen Kommandeur des genannten sächsischen Regiments in Metz zur Verfügung gestellt wurden, das sächsische Kriegsministerium aber ließ das Denkmal mit einem eisernen Geländer umgeben.

Prinz Friedrich August von Sachsen hat das Denkmal im Jahre 1884 besucht, als er zu Straßburg an der Kaiser Wilhelm-Universität studierte. Am Allerseelentage des Jahres 1889 dagegen besuchten die Sachsenprinzen Johann Georg und Max, welche damals zu Freiburg im Breisgau ihren Studien an der dortigen Hochschule oblagen, gleichfalls das Sachsendenkmal und das dortige Schlachtfeld und zwar in Begleitung der Offiziere des mehrerwähnten sächsischen Regiments in Metz.

Unweit des Sachsendenkmals steht das Denkmal des preußischen Gardekorps: ein mäßig hoher Wartturm, welcher sich, umgeben von Eisengeländer, auf einem von preußischen Adlern und Ritterhelmen gekrönten Unterbau stolz in die Höhe reckt. Von der Zinne des Turmes überblickt man einen großen Teil des ausgedehnten Schlachtfeldes vom 18. August 1870. Die untere Metz zugekehrte Seite enthält in goldenen Lettern die schlichte Widmung:

Das
Garde-Korps
1870/71.

Das Sachsendenkmal ist aufgerichtet worden rechts am Wege nach Roncourt an jener Stelle, wo der sächsische General von Craushaar in den Reihen der sächsischen Kaisergrenadiere gefallen ist. In der nächsten und weiteren Umgebung des Sachsendenkmals befinden sich viel Kriegergräber, ebenso verschiedene Grabstätten von Offizieren und Regiments-Denkmäler. Den Hauptteil des Monuments bildet eine mächtige, abgestumpfte, auf zwei Sockeln ruhende Pyramide auf großen Blöcken von poliertem belgischen Granit. Die Spitze der Pyramide krönt ein auf Eichenlaub ruhender, von Lorbeer- und Palmenzweigen umgebener mächtiger Wettiner Streithelm aus Eisen. In die Vorderseite des Denkmals ist eine schwarze eiserne Tafel eingelassen, welche in goldenen Lettern folgende Widmung trägt:

Das
Königl. Sächs.
XII. Armee-Korps
seinen
MDCCCLXX—LXXI
auf dem Felde der Ehre
gefallenen Kameraden.
Offenb. Johannis II. Kap. XV. Vers
Sei getreu bis in den Tod, so will ich Dir die
Krone des Lebens geben.

Die Dekoration der beiden anderen Seiten besteht aus Wehrgehängen mit dem Sachsenschild und Schwert. Das Denkmal macht einen künstlerisch schönen Eindruck und erinnert an das auf der Räcknitzer Höhe bei Dresden dem dort an der Seite des Zaren Alexander I. gefallenen General Moreau errichtete Monument.

„Lang, lang ist's her!" seit die Sachsen am Nordseestrande gegen die Dänen, in Böhmen und in Frankreich unter ihrem

Kronprinzen Albert fochten. Die Haare der damaligen Sachsenkrieger sind weiß und dünn, die Rücken vielfach schon krumm geworden und viele, viele derselben längst abgerückt zur großen Armee in die himmlischen Quartiere. Die alten Herzen aber, welche auch heute noch schlagen landauf und landab in Sachsen, sie gehören, wie schon von Alters her, dem König und dem Vaterlande, dem Waffenbruder und Kameraden und erst mit dem letzten Atemzuge verhaucht dies Gefühl der Sachsentreue und Sachsenliebe, deren Losungswort in der Neuzeit dem Willen des Königs Albert gemäß geworden ist der Wahlspruch des unvergeßlichen Feldmarschalls Grafen Moltke: „Allezeit — treu bereit — für des Reiches Herrlichkeit!"

Der Wettin-Obelisk in Dresden.

Die kriegerischen Verdienste des Sachsenkönigs Albert um das deutsche Vaterland haben nicht nur die Dichter in vielen Liedern gefeiert und die Geschichtsschreiber in zahlreichen Büchern erzählt, sondern auch die Jünger der bildenden Kunst haben sie verewigt und für das heranwachsende Jung=Deutschland aufbehalten auf Gemälden und Denkmalen. Zu dem Siegesdenkmal, welches die Stadt Leipzig auf dortigem Marktplatze zur Erinnerung an die große Zeit von 1870/71 aufrichten ließ, gehört auch ein Reiter= standbild des Königs Albert; sein Bildnis ist ferner zu finden auf dem Sedanfries an der Siegessäule in Berlin, wie auf dem großen Vorder=Reliefbild des Nationaldenkmals auf dem Niederwald bei Rüdesheim. Doch auch an die segensreiche, nunmehr fünfund= zwanzigjährige Regierungszeit des Königs Albert von Sachsen gemahnt ein stattliches Denkmal, welches die Haupt= und Residenzstadt Dres= den setzen ließ zwischen Residenzschloß und Taschenbergpalais. Es geschah dies zur Erinnerung an das Wettinfest 1889, welches die 800 jährige Herrschaft des Hauses Wettin, die in der Regierung des Königs Albert gipfelte, verherrlicht hatte in einer Reihe glän= zender Huldigungen des Volkes für den Monarchen. Eine Ab= bildung und die Beschreibung dieses Denkmals mag darum auch in diesen Blättern nicht fehlen im Hinblick auf das bevorstehende Regierungsjubiläum des Sachsenkönigs. Gar mancher Sachse wird es doch wohl ebenso wenig zu schauen bekommen, wie diejenigen Monumente, welche an die Kriegsthaten der sächsischen Truppen in Schleswig, in Böhmen und draußen im Lothringer Grenzgau ge= mahnen und die darum in diesem Buche gleichfalls dem Leser im Bilde vorgeführt worden sind.

Der Wettinobelisk, hergestellt in der berühmten Kunsterzgießerei von Howaldt in Braunschweig, ist 18,40 Meter hoch und übt eine

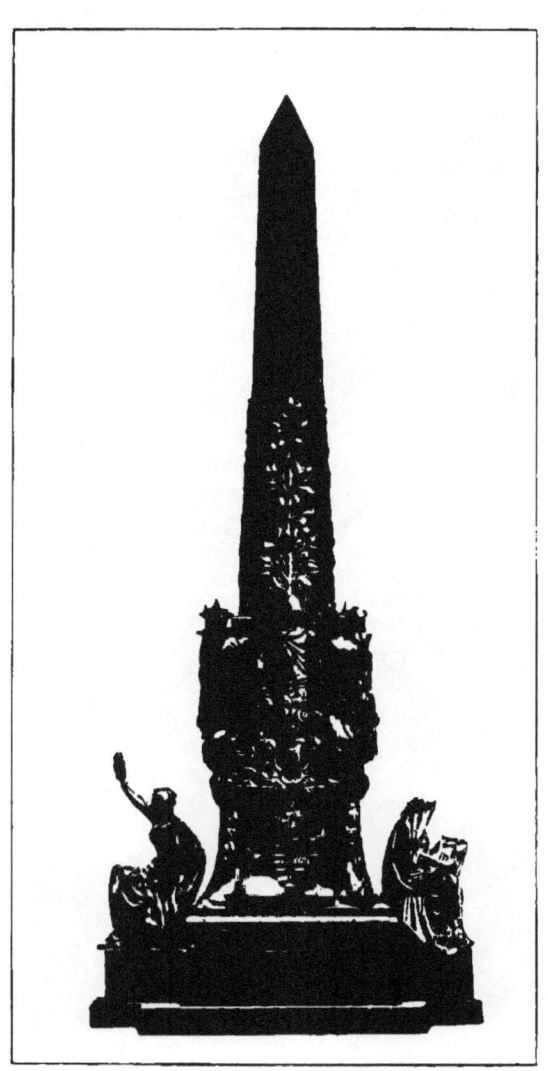

Der Wettin-Obelisk in Dresden.

imposante Wirkung auf den Beschauer aus. Das kunstreich ausgeführte Postament, das ohne den 1 Meter hohen Steinsockel die stattliche Höhe von 8 Metern besitzt, ruht auf einer Grundfläche von 4½ Metern im Quadrat. Außer reichem ornamentalen Schmuck, Behängen u. s w. trägt jede der vier Seiten des Postaments eine Kartusche, mit den bisherigen Wappenschilden der Wettiner und darüber je eine, dem entsprechenden Zeitalter angepaßte Waffengruppe, bestehend aus Rüstung, Helmen, Schilden, Hellebarden, Pfeilen und Bogen. Die eine Seite repräsentiert das 11. Jahrhundert, sowohl in Wappen, den Landsberger Pfählen, wie in der herrlichen Waffengruppe, in der jene streitbare Zeitepoche trefflich bezeichnet ist; daran schließen sich auf den andern drei Seiten in entsprechender Darstellung das 14. Jahrhundert (die Kartusche trägt den Meißener Löwen), das 16. Jahrhundert (in der Kartusche das Wappen mit Schwertern) und endlich die Neuzeit mit einer Waffengruppe von gekreuzten Fahnen und Kanonen, sowie von Säbeln, Helmen u. s. w. Gekrönt wird diese Gruppe durch die auf einem Kissen liegende sächsische Königskrone, während die unten befindliche Kartusche das große sächsische Königswappen mit der Inschrift „Providentiae memor" enthält. Die große Platte unter der Kartusche aus dem 11. Jahrhundert trägt in lateinischen goldenen Lettern die Worte:

    Zur Erinnerung
    an die Jubelfeier
    achthundertjähriger
     Herrschaft
    des Fürstenhauses
     Wettin.
     1889.

Die entsprechende Rückseite (16. Jahrhundert) in gleicher Weise die Inschrift:

     Errichtet
     von der
  Haupt- und Residenzstadt
     Dresden.

Oberhalb der Waffengruppen sind die Platten des Postaments in Höhe von mehreren Metern mit schweren vergoldeten Lorbeerzweigen geschmückt, die ebenso wie die Kartuschen, Waffengruppen und Behänge des Postaments in Bronzeguß hergestellt sind; das übrige ist Kupfertreibarbeit.

Die beiden Figuren am Fuße des Obelisken, Vergangenheit und Gegenwart — erstere in Gestalt einer Matrone, beschreibt die Ehrentafeln der Geschichte, letztere ein junges, lebensfrisches Weib, reicht den Ruhmeskranz hinüber nach dem Kgl. Residenzschlosse — hat der berühmte Bildhauer Johannes Schilling modelliert, den Obelisken mit Wappen und Waffen haben die Architekten Schilling und Gräbner entworfen. Die Enthüllung des stattlichen Denkmals erfolgte am 68. Geburtstage des Königs Albert, den 23. April 1896.

www.ingramcontent.com/pod-product-compliance
Lightning Source LLC
Chambersburg PA
CBHW022114160426
43197CB00009B/1014